LA SABIDURÍA DEL SOÑAR

UNA GUIA PARA UNA
VIDA DEL SUEÑO EFECTIVA

LA SABIDURÍA DEL SOÑAR

UNA GUIA PARA UNA VIDA DEL SUEÑO EFECTIVA

PAUL M. SHELDON, M.A.

Con

ELIZABETH EAGAR, M.A.

Limnosophy Publishing
Ashland, Oregon

La Sabiduría de los sueños: una guía para una vida del sueño efectiva

Copyright © 2017 Paul M. Sheldon, M.A. y Elizabeth Eagar, M.A. www.limnosophy.net

Publicado por primera vez en los Estados Unidos de América en 2017 por Limnosophy, LLC.

Todos los derechos reservados. Ninguna parte de esta publicación puede ser reproducida o distribuida de ninguna forma ni por ningún medio, ni almacenada en una base de datos o sistema de recuperación, sin el permiso previo por escrito del autor.

Diseño de portada e contraportada por Eduardo Lista Oleynick.

Impreso en los Estados Unidos de América.

Esta publicación está diseñada para proporcionar información precisa y autorizada sobre la sabiduría de los sueños.

Se vende bajo el entendimiento expreso de que cualquier decisión o acción que tome como resultado de la lectura de este libro debe basarse en su juicio personal y profesional, y será a su exclusivo criterio y riesgo exclusivo. El autor no se hará responsable de las consecuencias de las acciones y/o decisiones tomadas como resultado de cualquier información o recomendaciones formuladas en este documento.

Esta publicación está diseñada para proporcionar información precisa y autorizada con respecto al tema tratado. Se vende con el entendimiento de que el editor no se dedica a brindar asesoramiento legal, contable u otro tipo de asesoramiento profesional. Si requiere el asesoramiento legal u otro experto se requiere, la asistencia, se deben buscar en los servicios de una persona profesional competente. Lo anterior en base a una Declaración de Principios adoptada conjuntamente por un Comité del American Bar Association y un Comité de Editores y Asociaciones.

Catalogación en la publicación de datos
Sheldon, Paul

La Sabiduría de los sueños: una guía para una vida del sueño efectiva / Paul Sheldon, M.A. con Elizabeth Eagar M.A. - 2nd ed.
ISBN/SKU:9780692078631. Sueños I. Eagar, Elizabeth II. Título 154.6'3 - dc22

Segunda edición, enero de 2018 ISBN 978-0-692-07863-1

Este libro está disponible en descuentos por cantidad para compras a mayoreo. Para obtener información, comuníquese con el editor en limnosophy@gmail.com

Dedicado a los soñadores creativos.

PREFACIO	iii
AGRADECIMIENTOS	iv
INTRODUCCIÓN	01
CAPÍTULO 1: COMO RECORDAR SUS SUEÑOS	**03**
Mitos Comunes Sobre los Sueños	05
Lo Básico Del Enfoque De La Sueñosofía	08
Iniciando	09
Los Pasos De La Sueñosofía Para Recordar Sueños	11
En Resumen	19
CAPÍTULO 2: COMO SER LIBRE EN SUS SUEÑOS	**25**
¡Sea Libre En Sus Sueños! Nivel Uno	26
¡Sea Libre En Sus Sueños! Nivel Dos	32
¡Sea Libre En Sus Sueños! Nivel Tres	38
En Resumen	46
CAPÍTULO 3: COMO SENTIRSE BIEN EN SUS SUEÑOS	**51**
¡Siéntase Bien en Sus Sueños! Nivel Uno	52
¡Siéntase Bien en Sus Sueños! Nivel Dos	56
¡Siéntase Bien en Sus Sueños! Nivel Tres	63
En Resumen	70
CAPÍTULO 4: COMO HABLAR FUERTE EN SUS SUEÑOS	**75**
¡Hable Fuerte En Sus Sueños! Nivel Uno	77
¡Hable Fuerte En Sus Sueños! Nivel Dos	83
¡Hable Fuerte En Sus Sueños! Nivel Tres	91
En Resumen	99
CAPÍTULO 5: COMO HACER AMIGOS EN SUS SUEÑOS	**103**
¡Haga Amigos En Sus Sueños! Nivel Uno	105
¡Haga Amigos En Sus Sueños! Nivel Dos	109
¡Haga Amigos En Sus Sueños! Nivel Tres	117
En Resumen	125
CAPÍTULO 6: COMO COMPRENDER Y REALIZAR SUEÑOS	**129**
¡Comprenda y Realice Sueños! Nivel Uno	131
¡Comprenda y Realice Sueños! Nivel Dos	136
¡Comprenda y Realice Sueños! Nivel Tres	143
En Resumen	150
EPÍLOGO: COMO CONVERTIRSE EN UN EMBAJADOR DEL SUEÑO	**153**
CONCLUSIÓN	159
SOBRE LOS AUTORES	161

PREFACIO

Mi fascinación favorita durante más de 60 años ha sido disfrutar y hacer realidad los sueños. Siempre he sido bendecido con abundantes recuerdos de sueños y también he estado fascinado con el proceso por el cual los sueños pasan de la fantasía a la realidad en la vida despierta. Una era juvenil de baile, canto y exploración de diversos aspectos de la conciencia y la experiencia espiritual fluyó sin problemas en la edad adulta de la consulta y el asesoramiento, ayudando a otras personas a realizar sus más apreciados sueños. En la universidad, en los años setenta y ochenta, en Pacific Oaks College, en Pasadena, California, titulé mi tesis de maestría en desarrollo humano *Sueños para el futuro*. Estudié soñadores creativos, cuyas visiones y sueños los llevaron a crear nuevas organizaciones e instituciones que sirven a millones de personas, a través del plantar árboles, la danza tradicional, el arte escénico y programas para niños y sus padres. Siempre estuve interesado en los sueños como expresiones únicas de conciencia y oportunidades para el juego creativo y la realización creativa. En 1978, gracias a un artículo en el boletín Brain / Mind Bulletin de Marilyn Ferguson, descubrí el trabajo del Dr. Stephen LaBerge en "sueños lúcidos". Esto condujo a décadas de exploración cuidadosa de las posibilidades de soñar despierto - soñar sabiendo que uno mismo es el soñador, así como una extensa lectura y estudio de todo lo que pude encontrar acerca de los sueños, y todo lo que pude encontrar sobre religiones comparadas y variedades de experiencias religiosas y espirituales, todo lo cual condujo finalmente a este libro: Sueñosofía. Espero sinceramente que encuentres útiles las ideas, oportunidades y ejercicios dentro este libro, y que también encuentres que Sueñosofía y el mundo de los sueños son un portal a través del cual puedes pasar al reino de la realización de iTus más apreciados deseos!

—Paul Sheldon, Ashland, Oregon, Mayo 2017.

AGRADECIMIENTOS

Después de 50 años de investigación, es difícil agradecer a todos! El curso universitario de 1970 de la Dra. Jack Rains en Psicología Fenomenológica Existencial en la Universidad de Duquesne me llevó de ser un estudiante enfocado a las matemáticas a la de un estudiante de la conciencia. El maravilloso programa de maestría en desarrollo humano, en Pacific Oaks College, en Pasadena, California, brindó un maravilloso apoyo para explorar la conciencia humana, la conciencia, mitología, sueños, metáforas, procesos grupales, biología humana, sexualidad, antropología, sociología, fenomenología existencial, y un rango de estudio mucho más amplio que los programas más "tradicionales", todos los cuales eventualmente condujeron a este libro, que comenzó como mi tesis de maestría, *Sueños para el futuro*. Mis mentores de baile y, literalmente, cientos de miles de personas mantuvieron mi espíritu vivo y próspero, a través del milagro del Círculo Sagrado de la Danza, ¡Un verdadero sueño hecho realidad! Especialmente quiero agradecer a Rudy Dannes, Athan Karras, Chalo Holguín, Dick Oakes, Rubi Vuceta, David Shochat, Steve Murillo, Caroline Cox Barns, Karen Doring Boggs, Paul Gale, Stewart Mennin, Tzigane McDonough, Julie Bracker, Louise Bilman, Tom Bozigian, Dennis Boxell, Mihai y Alexandru David, Dick Crum, Israel Yakovee, Dani Dassa, George Nichols, Nikos Savvidis, Barry Glass, Dayle Ulbricht, Dana Matchette, Jordan Cole, Dana Fielding, Don Sparks, Billy Burke, Miguel Tejada-Flores , Frank Tripi, Dori Aloni Meshi, David Katz, Judy Purdy Eden, Niko Culevski, Anthony Shay, Mario Casillas, Roz Witt, Mady Taylor, Perla Rottenberg, Peter & Trudy Israel, Don Green y Barbara Weismann, Vince y Robin Evanchuk, Linnea Mandell, Craig Kurumada, Greg y Becky Deja, Jasna Pecaric, David Katz, Dori Aloni Meshi, Bob el hermano pequeño de Don Green, mi hermana mayor, L. Hunter Lovins, y mi esposa y amiga favorita del baile, Anne Sheldon, todos los cuales han sido los mejores amigos que cualquier soñador podría desear. Por supuesto, un agradecimiento muy especial se debe a mis increíblemente tolerantes y comprensivos padres, la Dra. Ethel Farley Hunter Sheldon y el Dr. Paul M. Sheldon, y a mis hermanos mayores, L. Hunter Lovins, Willliamson Whitehead Fuller, III, Edith Fuller y Carlo Sheldon, que casi siempre creyeron, alentaron, apoyaron y me permitieron vivir la vida al máximo, como un sueño hecho realidad. Siempre, siempre, sentiré la más profunda gratitud. Las contribuciones del trabajo del Dr. Stephen LaBerge sobre el sueño lúcido al desarrollo de *Sueñosofía* no pueden subestimarse, junto con la amistad y el apoyo de Jennifer Dole y Michael y Pamela LaPointe. Mi fundamento fundamental en la experiencia de soñar surgió de muchas experiencias de sueño inspiradas en los libros del Dr. LaBerge, *Lucid Dreaming* y *Exploring the World of Lucid Dreaming*, así como nuestro trabajo conjunto en el Lucidity Institute, en 1991. Del mismo modo, el libro *Creative Dreaming*, de Dra. Patricia Garfield y Alan McGlashan's *The Savage and Beautiful Country*, así como

The Kin of Ata Are Waiting For You de Dorothy Bryant y *The Lathe of Heaven* de Ursula LeGuin precedieron el trabajo de sueño lucido en formas bastante significativa, junto con el trabajo de Charles Tart sobre estados discretos de conciencia. Leer y explorar el libro del Dr. Richard Corriere y del Dr. Joseph Hart The Dream Makers, así como mi amistad posterior con Richard Corriere formaron la base de la mayoría de los ejercicios y actividades que se incluyen en este libro. Estoy profundamente en deuda con el Dr. Corriere, por su amistad y permiso para desarrollar los ejercicios del libro *The Dream Makers*, publicado por primera vez por los Dres. Corriere y Hart en L.A., en forma de libro, en 1977; y posteriormente como una serie de folletos, por mí, en Aspen, Colorado, en 1983, y más tarde como una serie de seminarios web en línea, en 2011-2013, con la ayuda de Diane Dandeneau y George Kao. En Aspen, el apoyo y el aliento de mi querida amiga y maestra de Tai Chi, Marcia Corbin y mi ex esposa, Janet Frosh Newman, también fueron fundamentales para el desarrollo de lo que finalmente se conocería como *Sueñosofía*, como lo fue el maravilloso arte de mi querido amigo y artista del acuarela de renombre mundial, Lee Shapiro. Muchos momentos felices con John Denver y Tom Crum en Windstar fueron otro sueño hecho realidad. Tara Miller y Sam Brown también creyeron en mí y me animaron durante los años de Aspen y durante las siguientes décadas de amistad. La guía y el apoyo de la Dra. Christine Perala Gardiner para explorar el trabajo de Stephan Hoeller y su profunda comprensión de la gnosis viviente y las prácticas del gnosticismo cristiano, así como su comprensión igualmente profunda de la importancia de cuencas intactas, bosques sagrados y las danzas sagradas como encarnaciones de la Presencia Divina, también contribuyeron profundamente al desarrollo del enfoque *Sueñosofía*. Laura X, un catalizador verdaderamente altruista para el cambio positivo ha sido y sigue siendo una amiga incondicional y un modelo a seguir. El sueño de Laura X de un mundo en el que la dignidad y el respeto por todos reemplacen la "cultura de la violación" y la violencia de cualquier tipo, especialmente la violencia y el abuso hacia las mujeres, continúa inspirándome como uno de los sueños más profundos y significativos de la historia humana - Laura, ¡Que todos tus sueños más queridos se hagan realidad, por el bien de todos! De manera similar, la visión y el trabajo de mi querida hermana mayor, L. Hunter Lovins, brinda uno de los sueños más duraderos y esperanzados de todos los tiempos: tengo aspiraciones similares para la realización de los sueños de Hunter sobre una cultura mundial regenerativa. Martha Edwards y Bob Green me dieron la bienvenida muchas veces a su maravillosa casa en Creve Coeur, MO, mientras Sueñosofía evolucionaba, ofreciendo palabras de aliento, amistad cálida y asesoramiento y asistencia en el sitio web (¡Además de música y baile maravillosos!). Gracias, también a Trevor Oliver, por su ayuda avanzada para convertir los primeros webinars en aplicaciones. John y Margo Steiner-King,

Cody Oreck, Randy y Dan Compton, y todos mis amigos en Boulder y alrededores, ¡También me han apoyado continuamente! Un agradecimiento especial a Diane Dandeneau, artista, cantante, cantante, gurú de la web y amiga de Dios, cuyo Curso de Maestría Divina me llevó a recibir el respaldo de los Seres Divinos Radiantes de Rainbow Love and Light para comenzar a hablar públicamente sobre esto material. Gracias, Diane por nuestro primer sitio web, www.limnosophy.net, y por ayudar a que los primeros webinars salgan a la Web. También aprecio profundamente la amistad y el apoyo del maestro comercializador Tom Ruppanner; inspirador empresario y autor Marvin Klein, (Fundador de PortionPac Chemical Company de Chicago); y el maestro comercial Michael Griffin, de Zu-USA (Gracias, Michael, por primera vez sugiriendo la palabra, "Sueñosofía"). Estos tres, en particular, proporcionaron aliento amable, apoyo e ideas para escribir un libro: su suave entusiasmo hizo posible el volumen actual. Del mismo modo, la amable ayuda de Elizabeth Eagar y Chelsey Thompson como "escritoras fantasmas" para adaptar los folletos originales y los seminarios en línea en forma de libro fueron rápidas y constantes: Liz y Chelsey, ¡No creo que este libro hubiera sucedido sin ustedes! Las contribuciones de Liz Eagar han sido tan sustanciales que, aunque su compromiso original fue servir como "escritora fantasma", ahora figura como coautora, porque su estilo y el hecho de completar el texto original han hecho posible *La Sabiduría De Los Sueños* en su contexto actual. Mia Crews brindó un conocimiento experto sumamente valioso, como nuestro enlace con los editores de IngramSpark.com. Mia trabajó a la perfección con Michael Griffin y Eduardo Lista Oleynick, para obtener el manuscrito correctamente formateado, cargado, publicado y en sus manos. David Katz, Lora Jo Foo, Tomar Levine, Ingrid Bamberg, Kari Sherman, Roxane Schwabe y Christine Perala Gardiner mostraron una gran dedicación a la primera ronda de webinars, a través de la cual presentamos los materiales de Sueñosofía, en 2012 y 2013, que también hicieron esto libro posible. Mi profunda gratitud también va para la increíble Lauren Peckman, llamante de la danza contra, soñadora y exegeta bíblica consumada; a Kari Sherman, maestra de sueños, instructora de tai chi y permacultora; a Anthony Forrest, educador y empresario; y a Alisia Brown, educadora, defensora de los jóvenes y artista de la calle por excelencia; ¡Que han dado un paso al frente para servir como los primeros *Embajadores del sueño*! Estas pocas palabras finales sirven para expresar mi sincera gratitud a los miles que me han apoyado y compañeros de baile, cuyo amor y amistad hicieron posible la Sueñosofía. Gracias, gracias, y gracias de nuevo, ¡Sean bendecidos todos y cada uno! Los autores también expresan su sincera gratitud a Adrian Zambrano, quien hábilmente tradujo está versión de "La Sabiduría del Soñar" al español y a Cristina Aguayo y Eduardo Lista Oleynick, quienes respetuosamente revisaron y refinaron la traducción de Adrian. Mil Gracias!

INTRODUCCIÓN

Volverse más abierto a sus sueños puede ser una de las experiencias más gratificantes de su vida. En ocasiones, los sueños pueden llenarnos de terror, pero no tienen que seguir de esa manera. Profundizar y expandir su relación con la vida de sus sueños le permite aprender más sobre su vida diaria, aspectos que desea explorar y aspectos que quizás no quiera explorar. Si bien ya hay algunas confluencias dinámicas entre la vida de sus sueños y su vida despierta, muchas personas pasan tanto tiempo analizando o ignorando sus sueños que pierden muchos de los beneficios que pueden obtener del soñar y los sueños.

Esta guía describe la Sueñosofía y su enfoque. La Sueñosofía, en su sentido literal es la sabiduría del soñar, aborda a los sueños y el soñar de forma diferente a otras tradiciones. El enfoque de la Sueñosofía puede ayudarlo a encontrar confluencias entre el sueño y el tiempo despierto, y puede ayudarle a lograr los cambios que anhela, logrando que su vida se convierta en un sueño hecho realidad. Dentro de esta guía, aprenderá muchas ideas valiosas para dar los primeros pasos hacia una vida de ensueño más profunda y satisfactoria. A través del enfoque de la Sueñosofía, podrá descubrir y de manera conjunta crear su propia sabiduría interna: ¡La sabiduría del soñar!

Primero, esta guía hablará sobre algunos de los pasos que puede seguir para recordar sus sueños. Comienza con algunos de los mitos comunes que surgen con los sueños y por qué estos mitos le están reteniendo de alcanzar su verdadero potencial como soñador creativo. Después de comprender estos mitos, se le invitará a seguir algunos de los sencillos pasos para comenzar a recordar más sueños. Es imposible continuar con algunos de los otros pasos de esta guía si le resulta difícil recordar sus sueños, por lo que la primera sección de esta guía se centrará en este importante primer paso para recordar sus sueños.

Los siguientes capítulos se enfocarán en las Oportunidades de Sueño, que son un componente principal del enfoque de la Sueñosofía. En estos capítulos, aprenderá cómo ser libre en sus sueños, cómo sentirse bien en sus sueños, cómo hablar en sus sueños, cómo hacer amigos en sus sueños y, finalmente, cómo comprender y hacer realidad sus sueños. Cada capítulo está dividido en tres niveles que lo ayudan a alcanzar gradualmente el máximo potencial de cada Oportunidad de sueño. Estos tres niveles incluyen notar, identificar y transformar. A medida que explora su camino a través de cada nivel, puede desarrollar las habilidades necesarias para ayudarlo a progresar y experimentar el éxito como un soñador creativo.

Finalmente, esta guía concluye con información sobre cómo convertirse en un Embajador de los sueños, para que pueda ayudar a otros a alcanzar su máximo potencial como soñador creativo también. Comprender tus sueños y cómo funcionan puede marcar una gran diferencia en tu vida, pero no tiene que ser tan complicado como otros te lo han hecho creer. A medida que siga los consejos de esta guía y que aprenda sobre el enfoque de la Sueñosofía, puede ser fácil descubrir su verdadero potencial con la ayuda de sus sueños.

1: COMO RECORDAR SUS SUEÑOS

Recordar sus sueños puede ser una experiencia maravillosa. Puede disfrutar y aprender de la historia de cada sueño cuando está durmiendo: puede hacer nuevos amigos, hablar en sus sueños y hacer mucho más. La mayoría de nosotros nos quedamos dormidos por la noche y nos despertamos a la mañana siguiente sin tener idea de lo que sucedió la noche anterior. Esta puede ser una gran oportunidad perdida. Recordar sus sueños no tiene por qué ser un desafío, pero requiere un poco de atención y dedicación de su parte. La recompensa vale la pena, especialmente cuando se puede obtener mucho más de su sueño que simplemente descansar.

Antes de que pueda seguir cualquiera de los otros pasos que se describen en esta guía, debe poder recordar algunos de sus sueños. Al principio, puede que recuerde algunos sueños aquí y allá, y ese es un buen comienzo; pero con algunas de las sugerencias de este capítulo, puede comenzar a tener sueños más vívidos, sueños que pueda recordar mejor que antes. Esto hace que el proceso sea más fácil.

Cada paso de este libro le pide que recuerde sus sueños. En ocasiones podrá inventar un sueño o recordar uno del pasado para completar los ejercicios de esta guía. Pero la mejor manera de hacer que estos pasos funcionen es recordar su sueño más reciente y luego aceptarlo como el sueño más importante que debe atender en este momento. Este capítulo lo ayuda a comenzar a recordar sus sueños para que los otros pasos sean más fáciles de explorar más adelante.

MITOS COMUNES SOBRE LOS SUEÑOS

Recordar sus sueños es un gran regalo. Los sueños pueden contar una historia, mostrar algunos paralelismos entre su vida despierta y sus sueños, e incluso pueden ayudarlo a sentirse bien. Ciertamente tomará algo de práctica aprender a recordar sus sueños, pero al tener un propósito en su forma de abordar e intentar recordar sus sueños podrá marcar una gran diferencia y puede ayudarle a que salgan esos sueños de las sombras.

Antes de adentrarnos en los aspectos básicos de recordar sus sueños, abordemos algunos de los mitos simples que a menudo están en presentes en un segundo plano, cuando consideramos los sueños. Estos mitos pueden retenerle y hacer que sea más difícil recordar sus sueños. A veces, estos mitos incluso minimizan la importancia de recordar sus sueños y hacerle perder una oportunidad. Algunos mitos de lo que es importante tener presente son lo siguiente:

Mito # 1: Los sueños son solo distracciones o "residuos del día".

Muchas personas asumen que los sueños son solo distracciones, simplemente pensamientos y sentimientos que quedan del día, y que no son algo importante del cual aprender o disfrutar. Este mito asume que los sueños no son tan importantes, ya que simplemente revisan la información del día y repiten las cosas que ya pasaron. Cuando se piensa en los sueños de esta manera, asumes que no son tan importantes, y uno simplemente los ignora, pensando que no se pierde nada.

La verdad: Sus sueños son solo una distracción, porque no sabe cómo prestarles atención. Hay cosas geniales que ocurren en sus sueños, desde conocer gente nueva hasta aprender lecciones en el camino. Usted puede aprender a prestar atención y recordar sus sueños. Estos sueños no son solo pequeños fragmentos que pueden distraerte cuando está durmiendo, sino experiencias importantes de las que se puede aprender y captar una vez que se aprende cómo hacerlo.

Puede encontrar que, en algunos casos, hay conexiones entre sus sueños y su vida despierta. Esto es normal y, a medida que avance en algunos de los diferentes pasos de esta guía, es posible la mayoría de las veces que esto suceda. Pero esto no significa que los sueños son solo una distracción o que son solo algunas imágenes en blanco del día que acaba de termina. Estas conexiones son importantes. Pueden ayudarlo a experimentar lo que está sucediendo con sus sentimientos y su libertad, y puede usar los sueños para ayudarlo a mejorar su vida despierta.

Si nunca ha explorado sus sueños, es fácil creer que las imágenes en sus sueños son pensamientos e ideas al azar. Pero a medida que avanza en esta guía, podrá descubrir que sus sueños pueden tener un propósito. Cuando observe sus sueños con intención es más probable que encuentre algunas de las conexiones que existen entre su vida despierta y la de sus sueños.

Mito # 2: Deberías tratar de controlar, cambiar o manipular tus sueños.

Otro mito común que surge al soñar es que se debe tratar de controlar y manipular los sueños. Hay una escuela de pensamiento en crecimiento que enseña a las personas cómo pueden ser ellos quienes controlan estos sueños y obtienen los resultados que desean. ¿Pero acaso esto no suena agotador? Soñar se supone que es un momento en el que puede relajarse y disfrutar lo que está sucediendo a su alrededor, no un momento en el que tiene que esforzarte o trabajar. Con el tiempo, "trabajar" puede hacer que te sientas agotado o frustrado.

La verdad: si invierte su tiempo de sueño tratando de cambiar, manipular o controlar las cosas que está haciendo en sus sueños, sus sueños pueden convertirse en un trabajo duro. Soñar es un momento para relajarse, divertirse, aprender y disfrutar de una experiencia sin igual. Si está tratando de cambiar o controlar sus sueños, es posible que se esté distrayendo del gozo y el aprendizaje que puede ocurrir naturalmente mientras sueña.

No es su trabajo intentar controlar o cambiar sus sueños, pero puede ser deliberado y tratar de hacer algunos cambios en la forma en que aborda sus sueños durante su vida despierta. Recuerde que su vida despierta y la de sus sueños están conectadas, en más formas de las que puedes imaginar. Entonces, si es usted capaz de cambiar la forma en que se comporta en su mundo despierto (siendo más atento y más intencional acerca de la vida de sus sueños), puede comenzar a ver esto reflejado en tus sueños.

Mito # 3: Debes analizar tus sueños.

Otro mito que puede haber escuchado es que tendrá que pasar mucho tiempo analizando e interpretando sus sueños, si desea obtener algo de valor de sus sueños. Si bien hay algunos sueños que le dan un gran valor al soñador, invertir demasiado tiempo analizando cada sueño puede distraerlo a lo largo del camino. Muchas personas que intentan interpretar sus sueños simplemente se distraen a sí mismas en lugar de relajarse y disfrutar aprendiendo de los sueños que tienen naturalmente. Además, este análisis excesivo puede agregar mucho estrés a los sueños cuando uno se preocupa por no perder pequeños detalles o cuando se preocupa por captar el gran mensaje que se supone que debe existir dentro del sueño.

La verdad: cuando se trata de soñar, si intenta comprender, analizar e interpretar sus sueños, es probable que se distraiga y se pierdas algunas de las cosas increíbles que puede encontrar en sus sueños de forma natural y espontánea. En esta guía, dedicamos más tiempo a hablar sobre cómo recordar sus sueños. Esto le ayudará a aprovechar al máximo sus sueños. Pero, si los convierte en trabajo duro, es posible que no pueda disfrutar y aprender de las situaciones soñadas en las que se encuentre. Puede permitir que los sueños sean más naturales, y entonces podrá disfrutar y aprender verdaderamente de los sueños que sueña.

Soñar no se trata complemente sobre trabajo. Es posible que le hayan dicho durante muchos años que necesita estudiar sus sueños, anotarlos y pasar días analizando qué significa todo. Pero la mera idea de esto puede hacerle sentir agotado. Muchas personas pueden darse por vencidas por el trabajo y el volumen de información a lo largo del tiempo. Como verá, con el enfoque de esta guía, soñar no tiene que ser un desafío o mucho trabajo. Solo unos minutos al día bastan para ayudarlo a comenzar a profundizar en la vida de sus sueños y a tener experiencias de sueño más agradables y beneficiosas, sueños que funcionen para usted, no en su contra.

Puede encontrar que existen muchos más mitos sobre los sueños. A menudo las personas presentan sus propios procesos de pensamiento sobre los sueños. No es raro encontrar otros cursos e información que se relacionen con sus sueños y cómo hacer que funcionen para usted. Pero la mayoría de estas técnicas no son tan útiles, porque están basadas en los mitos anteriores y pueden ser complicadas o demasiado involucradas para que usted pueda trabajar con ellas. Cuando se desvanecen algunos de estos mitos, usted podrá enfocarse en experimentar sin tener que preocuparse de que no está dedicándole suficiente tiempo, ni analizando sus sueños lo suficiente.

El enfoque que se muestra en esta guía es fácil de usar. No requiere que dedique largas horas a sus sueños, ni necesita convertirse en un experto en el campo para dar sentido a sus sueños.

Actuar de esta manera simplemente le hará sentir cansado y puede hacer que soñar sea un trabajo difícil. Soñar se supone que debe ser relajante, se trata de sentirse bien consigo mismo y divertirse. Sí bien puede ser un reflejo de su vida despierta, pero puede utilizar esto en su propio beneficio, en lugar de sentirse obligado y atado por sus sueños.

Las técnicas de esta guía pueden ayudarle a que esto sea posible, y es posible que se sorprenda de lo fácil que puede ser. No tendrá que preocuparse de hacerlo mal o de tener un mal día, porque puede comenzar de nuevo al día siguiente. Puede ir a su propio ritmo y los resultados lo encontrarán a usted, siempre y cuando dedique un poco de tiempo y atención para hacerlo realidad.

LO BÁSICO DEL ENFOQUE DE LA SUEÑOSOFÍA

Para comenzar con esta guía, hay algunos pasos sencillos, separados en capítulos. Además de ayudarlo a recordar los sueños, esta guía se trata de hacer suyos sus sueños, en lugar de simplemente estar allí. Se trata de ser libre, sentirse bien, hablar, hacer amigos y comprender y hacer realidad sus sueños. Muchas personas van a la cama y tienen un sueño sin recordarlo. En muchos casos, realmente se están perdiendo algunas de las cosas geniales, y algunas de las lecciones y experiencias más profundas que pueden surgir en los sueños. De las Oportunidades Del Sueño existen cinco básicas, que se tratan con más detalle en cada capítulo de esta guía, mismas que incluyen:

- Como ser libre en sus sueños
- Como sentirte bien en sus sueños
- Cómo hablar en sus sueños
- Cómo hacer amigos en sus sueños
- Cómo entender y realizar sus sueños

Cada uno de estos capítulos es importante para ayudarle a profundizar y expandir el valor de sus sueños. Por supuesto, el primer paso es recordar sus sueños. Si no puede recordar los sueños que está teniendo, puede ser muy difícil aprender a ser libre, sentirse bien, hablar o hacer amigos en ellos. Entonces, comencemos con algunos de los conceptos básicos que pueden ayudarlo a recordar sus sueños.

A medida que avance en esta guía, aprenderá sobre todas las secciones del enfoque de la Sueñosofía. Cada oportunidad del sueño se divide en tres partes: notar, identificar y transformar o cambiar. Todos estos son importantes, porque le ayudan a profundizar y expandir su experiencia de sus sueños de una manera constante y lo suficientemente lenta como para no causarle demasiada presión.

En el primer nivel, usted simplemente será responsable de notar las cosas. Por ejemplo, si prefiere sentirse bien en sus sueños, simplemente observe sus sueños durante una semana y luego escriba cómo se siente en cada uno de los sueños. Al hacer preguntas sobre cómo se siente, puede empezar a notar algunos patrones. En este nivel, solo está notando lo que sucede, y nada más.

En el segundo nivel, se le invita a identificar estos mismos sentimientos en su vida despierta. La vida de sus sueños va a tener muchas conexiones con su vida despierta, por lo que durante esta etapa, es posible que desee invertir tiempo para identificar los sentimientos que tiene la mayoría de los días y compararlos con la vida de sus sueños. En este punto, todavía no estará tomando ninguna acción, solo estará notando los patrones.

Finalmente, en el tercer nivel, se le invitará a explorar la transformación. En este nivel, invertirá unos días considerando cómo sería cambiar algunos aspectos de cómo experimenta su vida diaria. Si está prestando atención a los sentimientos, puede invertir este tiempo tomando en cuenta sus sentimientos para ese día. Cuando se sienta feliz, se le invitará a imaginar cómo sería que esos sentimientos intensificaran y/o disminuyeran de cualquier forma que usted elija (siempre y cuando no se haga daño a sí mismo o alguien más). Usted puede hacer lo mismo con cualquier sentimiento que tenga durante ese día.

Puede hacer esto con las cinco Oportunidades Del Sueño discutidas en esta guía. La aspiración aquí es reconocer patrones en la vida de sus sueños y en su vida despierta, y luego considerar cómo sería hacer cambios en su vida despierta. Muchas de estas posibilidades también aparecerán en la vida de sus sueños, sin trabajar tan duro mientras duerme. Su tiempo para dormir deberá ser relajante; y aunque se está enfocando en encontrar algunos de los patrones en sus sueños, la mayor parte de la exploración se lleva a cabo mientras está despierto.

Esta guía profundiza sobre cómo funcionan estos tres niveles y qué puede hacer con ellos en función de la Oportunidad de Sueño en cada capítulo. Este es un proceso gradual que inicia con solo notar las cosas en sus sueños y termina con algunos cambios potencialmente significativos e importantes en su vida despierta, cambios que pueden ser profundamente satisfactorios en diversas formas creativas.

INICIANDO

Ahora que comprende un poco más acerca del enfoque de la Sueñosofía, está cordialmente invitado a dar su primer paso. Para que alguno de estos pasos funcione para usted, es importante que aprenda cómo recordar algunos de sus sueños. Puede elegir inventar un sueño, pero la forma más efectiva de beneficiarte de esta guía es recordar sus sueños cuando al despertar.

La mayoría de las personas puede recordar algunos de sus sueños en ocasiones, pero recordar los sueños de forma regular puede ser un desafío. Si solo recuerda algunos de sus sueños cada mes, pasar por este enfoque puede llevarle mucho tiempo.

En esta sección, aprenderá algunos consejos excelentes para comenzar a recordar sus sueños, para que pueda moverse fácilmente por los pasos que se darán más adelante.

Antes de que puedas comenzar a recordar tus sueños, ¡Necesitas dormir! Una buena noche de sueño es una de las mejores maneras de tener sueños claros y vívidos que se puedan recordar al día siguiente. Si tiene problemas para conciliar el sueño por la noche, si tiene que levantarse mucho o si no puede dormir profundamente cuando la cabeza descansa sobre almohada, es posible que le resulte difícil recordar sus sueños. La buena noticia es que hay algunas cosas simples que puede hacer para obtener la cantidad correcta de sueño para su cuerpo, que incluyen:

• Beba suficiente agua: ir a la cama deshidratado a veces le impide dormir profundamente. Es posible que pueda conciliar el sueño, pero en el fondo de su conciencia tal vez tenga sed. Obtenga suficiente agua (no demasiada) y luego asegúrese de ir al baño antes de dormir, para que pueda conciliar el sueño fácil y profundamente. También podría considerar mantener un vaso de agua junto a su cama para ayudarlo a tomar unos sorbos de agua si se despierta con sed.
• Disfrute de un rato al aire libre: muchos de nosotros pasamos nuestro tiempo adentro, trabajando, mirando televisión, haciendo tareas domésticas o haciendo otras cosas. Si quiere tener éxito durmiendo por la noche, muchas personas se benefician al exponerse a la luz de "espectro completo" (también conocida como luz solar), que solo se puede encontrar en el exterior o en edificios iluminados con luz natural. Considere invertir al menos una hora fuera de cada día para obtener los múltiples beneficios de la luz solar natural.

- Mantenga una dieta sencilla: Considere comer una dieta que sea sencilla y llena de alimentos integrales naturales. Los alimentos altamente procesados, así como los alimentos estimulantes y endulzados, pueden ser perjudiciales para el cuerpo y no ser nutricionalmente completos. Los estimulantes como el café, el té, las bebidas con cafeína o el mate también pueden dificultar el quedarse dormido. Quédese con los alimentos que son completos y naturales, como los productos frescos, para que el cuerpo pueda obtener los nutrientes que necesita para mantenerse saludable y pueda conciliar el sueño fácilmente.
- Disfrute del ejercicio moderado: Esto significa estar "afuera" y moverse, todos los días. Iniciar un programa de ejercicio completo al menos cinco días a la semana es un buen lugar para comenzar, ya sea para caminar después de la cena o, por lo general, ser más activo. Pasar la mayor parte del día sentado en un sofá y no hacer nada más que mirar televisión puede dejar la vida de tus sueños aletargada y desconectada. Cuando levantas tu cuerpo y te mueves, estás moviendo tus músculos y tu sistema de circulación. Esto te ayuda a mantenerte tan fuerte y saludable como sea posible para que estés listo para un sueño saludable, al final del día.
- Establezca un ritual regular de Fluir del Sueño: Es decir tener un ritual regular para hacer esto puede hacer que las cosas sean un poco más fáciles para que pueda recordar más de sus sueños.
- Escriba algunos de sus sueños: Después de que tenga algo de tiempo para pensar en el sueño y considerarlo un poco, intente escribir algunos de los detalles. Siempre podrá volver al sueño y recordarlo de nuevo, lo que le ayudara a aumentar su conexión con esos sueños. Con el tiempo, puede comenzar a recordar sus sueños con más detalles. Esto puede facilitar los pasos futuros en el enfoque de la Sueñosofía. Además, puede descubrir detalles sobre estos sueños que podrán ayudarle, porque puede usarlos en los siguientes pasos, en caso de que no pueda recordar un sueño más reciente.

Al comenzar este nuevo acercamiento al soñar, recuerde que soñar es algo natural y que sucederá por sí mismo. Cuando se acerque a sus sueños, solo suéltese. Los sueños harán todo el trabajo si se los permite, pero si trata de forzar las cosas y hacer que las cosas se tuerzan alrededor de su camino, puede encontrarse profundamente decepcionado.

LOS PASOS DE LA SUEÑOSOFÍA PARA RECORDAR SUEÑOS

Ahora que comprende un poco más acerca de los sueños, aquí encontrara algunos pasos simples para recordar más de sus sueños. Recordar sueños puede ser una gran experiencia. Mucho sucede durante sus sueños, e incluso si no parece haber un gran mensaje de inmediato, a través del enfoque de la Sueñosofía, aprenderá a ser libre, sentirse bien, hablar, hacer amigos y aprender algo nuevo cada vez. Recuerde, en el enfoque de la Sueñosofía, no se trata de forzar la situación. Deje que los sueños le lleguen y hablen con usted, nunca trate de forzar la situación.

Paso del Sueño 1

Para el primer paso, tenga en cuenta que está interesado en recordar sus sueños. No solo se acueste por la noche y se duerma. Dígase activamente a sí mismo que desea recordar sus sueños. No tiene que ser enérgico ni preocuparse por esto, manténgalo sencillo, dígase que debe recordar sus sueños y luego vaya a la cama.

Cuando se despierte por la mañana, no se muevas. Solo quédese acostado en su cama, notando cómo se siente. ¿Hay alguna emoción que persista en el sueño, como la confusión, la felicidad, la tristeza, la ira, el miedo, el gozo, el júbilo o la alegría? ¿Se siente ligero, cansado, pesado u otra cosa? Incluso si no puede recordar un sueño en este punto, es posible que aún tengas algunos sentimientos que permanecen en el Fluir del Sueño, por lo que tomar nota de las emociones y los sentimientos puede ser bastante importante.

Para los dos últimos pasos, considere hablar con otras personas y ser más sociable sobre sus sueños. Si tiene algunas personas con las que interactúa a diario, puede hablar sobre sus sueños con ellas. Puede que no recuerde todo el sueño al principio, pero hablar sobre las partes que sí recuerda es una excelente manera de ayudarle a recordar más, más adelante. También puede preguntar al menos a otra persona cada día, si recuerdan sus sueños, incluso si no puede recordar algunos de los suyos. Esto puede parecer tonto, pero cuando se interactúa con otros sobre sus sueños y se discuten algunos de los suyos, es más fácil recordar sus sueños más adelante.

Esto puede convertirse en parte de tu rutina para ir a la cama. Además de cepillarse los dientes, ponerse la ropa para dormir y leer un capítulo rápido antes de cerrar los ojos, considere la posibilidad de idear una palabra o frase para que sus aspiraciones de sus sueños sean deliberadas e intencionales. Podría decir algo como, "Recordaré mis sueños. ¡Recordar mis sueños es importante para mí! o "Cuando recuerdo mis sueños, me acuerdo de mí mismo". Diga esto algunas veces cada noche antes de acostarse, y se sorprenderá de lo mucho que esto puede ayudarlo a recordar y apreciar los sueños

Algunas personas sienten que este paso no es necesario y que es mucho trabajo extra para ellos. Pero si usted no es deliberado al explorar sus sueños, es fácil olvidar su dedicación; sus sueños pueden desvanecerse antes de que puedas explorarlos. El resto de los pasos de esta guía puede no ser tan exitosos si no intensifica y aprende a recordar algunos de esos sueños. Ser deliberado, especialmente justo antes de ir a la cama, puede ayudarle bastante. La buena noticia es que solo tomará unos minutos repetir este mantra un par de veces, para que pueda hacerlo fácilmente sin demasiados problemas y luego irse a la cama.

PRÁCTICA DE RECORDAR SUEÑOS – SUEÑO #1

TITULO DEL SUEÑO:
FECHA:
UBICACIÓN:
HISTORIA DEL SUEÑO:

Pasos del Sueño 2

Ahora vamos a considerar su tiempo al despertar. ¿Eres alguien que se despierta por la mañana con la ayuda de su despertador? Si esto es algo que haces, puede asegurarse de configurar la alarma del reloj a media hora más temprano cada día. Esto le permitirá la oportunidad de permanecer quieto en la cama un poco más y observar algunos de los sentimientos que lo rodean. O puede invertir ese tiempo simplemente deleitándose en el sueño que acaba de tener, no de manera forzosa, sino recapitulando como lo haría con un recuerdo. Para esos días en que no tiene que levantarse con la ayuda de un reloj despertador, asegúrese de que no lo despierte. Simplemente puede permitir que el cuerpo se despierte sin la ayuda de una alarma, cuando suceda naturalmente para usted. Cuanto más tarde pueda levantarse, mejor. Esto le permite tener más sueños y puede ser de increíble ayuda para darse cuenta de los sentimientos que se desprenden de los sueños.

El punto aquí es dejar que el sueño se asiente por unos momentos cuando uno está demasiado concentrado en levantarse y prepararse para las actividades del día, es fácil olvidar el sueño por completo. Puede que ya haya caído la noche para cuando recuerde su sueño y, en este momento, es posible que haya olvidado todo sobre el sueño. Siempre es mejor pensar en su sueño por la mañana y, si es posible permítase despertar de manera natural para que no se apresure en el proceso y pueda terminar el sueño.

Por supuesto, hay veces en que tienes que levantarte y no puedes dormir todo el tiempo que quieras. Para estos días, puede necesitar la ayuda de un despertador para despertarse temprano. Ajuste su reloj para que tenga al menos treinta minutos adicionales para despertarse y pensar en su sueño. Recapitulé en su mente, y camine a través de él como un buen recuerdo que desea disfrutar. Si le es posible regresar al sueño varias veces, esto puede ser mejor porque ayuda a consolidar el sueño en su mente. Puede hacer lo mismo cuando se despierta de forma natural durante el fin de semana o los días libres, estará más relajado y no tendrá que preocuparse tanto por el tiempo. De cualquier manera, asegúrese de tener suficiente tiempo para recapitular el sueño al menos una vez y concéntrese en las partes importantes para que pueda recordar el sueño fácilmente.

PRÁCTICA DE RECORDAR SUEÑOS – SUEÑO #2

TITULO DEL SUEÑO:
FECHA:
UBICACIÓN:
HISTORIA DEL SUEÑO:

Pasos del Sueño 3

Antes de irse a dormir, asegúrese de tener a mano un bolígrafo o un lápiz y papel. Después de tener tiempo para considerar y reflexionar sobre algunos de los sentimientos que tiene después de soñar, tal vez después de hacer esto por algunos días o incluso semanas, simplemente experimentando los sentimientos que se desbordan alrededor, sobre y a través de usted, entonces puede comenzar a escribir sobre ellos. Intente escribir los sentimientos y las sensaciones que tiene al despertar.

Este no es el momento de recordar todos los detalles de sus sueños. Para esta sección, solo estará explorando, o simplemente siendo consciente de cómo se siente y de las sensaciones que está experimentando, cuando sueña e inmediatamente después de que se despierta. Explorará recordar los sueños más adelante, pero por ahora, solo estará explorando los sentimientos y las sensaciones que están sucediendo a su alrededor. Escriba los pensamientos, los sentimientos y las sensaciones que tiene al despertar por la mañana.

Con el tiempo, es posible que pueda comenzar a recordar sus sueños porque estará pensando mucho en ellos. Pueden volverse más vívidos y puede divertirse mucho más con ellos. A medida que comience a recordar más partes de sus sueños, está bien si comienza a escribir sobre ellos. Eventualmente, es posible que pueda considerar los sueños y recordarlo todo, incluso si no escribe sobre todos. Pero, algunas personas necesitan tiempo para trabajar hasta llegar a ese punto.

Después de un tiempo, es posible que desee encontrar un amigo u otro compañero de sueño que esté dispuesto a compartir sus sueños con usted. Puede programar un horario que funcione y reunirse entre sí todas las semanas. Luego puede compartir los sueños que tuvo durante la semana entre sí y explorar los temas o hacer preguntas para ver qué está pasando. Esta puede ser una experiencia agradable para ambos. Les permite hablar sobre los sueños y compartir lo lejos que han llegado. Al principio, es posible que solo puedas recordar fragmentos de tus sueños, pero con algo de práctica y con la idea de que no tienes que forzar el proceso, es posible que recuerde cada vez más de sus sueños.

Recordar sus sueños solamente requiere un poco de atención. No hay necesidad de forzar las cosas para que esto suceda, puede que estés tan ocupado en tus días que solo se concentre en el trabajo, la escuela y los niños y ni siquiera piense en sus sueños, pero cuando pueda, recuérdese activamente que deberá recordar tus sueños antes de ir a la cama. Invierta algún tiempo en honrar los sueños escribiéndolos y permitiendo que las sensaciones lo rodeen antes de levantarse por la mañana. Luego, encuentre un compañero de sueños e invierta tiempo hablando de sus sueños. Estos pasos pueden hacer que sea mucho más fácil sentir que sus sueños tienen valor y pueden ayudarlo a comenzar a recordarlos. Esto puede llevar tiempo, pero si eres gentil y comienzas a permitir que los sueños tengan más tiempo y espacio en tu vida, puedes comenzar a recordar más de tus sueños, de una manera natural.

PRÁCTICA DE RECORDAR SUEÑOS – SUEÑO #3

TITULO DEL SUEÑO:
FECHA:
UBICACIÓN:
HISTORIA DEL SUEÑO:

EN RESUMEN

Recordar tus sueños es un paso importante del enfoque de la Sueñosofía. Es posible hacer algunos de los ejercicios sin recordar sus sueños, pero resultara difícil obtener una conexión profunda y la comprensión que necesita de sus sueños si no puede recordarlos. Lo mejor es enfocarse en formar esa conexión con sus sueños para que pueda recordarlos a detalle antes de pasar a las otras Oportunidades Del Sueño en esta guía.

Afortunadamente, es bastante fácil comenzar a recordar sus sueños, siempre y cuando sea deliberado en sus acciones. Deberá pensar en recordar sus sueños antes de ir a la cama. Debe despertarse un poco más temprano en la mañana para que pueda concentrarse en sus sueños y mantenerlos cercanos, en lugar de salir corriendo al trabajo en el momento en que se despierta y dejando que el sueño se pierda. También debe tomar algunas notas sobre los sueños antes de levantarse. Escribir sobre los detalles que parezcan importantes, así como algunos de los sentimientos que experimento con esos sueños, hará que las cosas sean más fáciles para usted en el futuro.

Además de escribir cosas para ayudarlo a recordar los sueños, hay algunas otras cosas que puede hacer. Puede concentrarse en los sueños durante unos minutos cada mañana, en lugar de solo levantarse de la cama de inmediato. Esto funciona de manera similar a un recuerdo; esos recuerdos que son los más frecuentes en su mente son aquellos en los que piensa más. Lo mismo se puede decir de sus sueños. Si piensa en ellos más, es posible que pueda recordarlo más sobre ellos.

También puede optar por utilizar otras opciones para ayudarlo a dormir bien y para asegurarse de que tenga sueños lúcidos. Asegurarse de tomar un poco de agua antes de acostarse, irse a dormir a una hora razonable todas las noches y hacer una rutina para ayudarlo a conciliar el sueño y permanecer dormido toda la noche puede ayudar a facilitar las cosas. Ser deliberado y recordarse a sí mismo que deberá recordar su sueño cada noche antes de irse a dormir puede ayudarlo a tener sueños más vívidos que podrá recordar por la mañana.

Cuanto más se centre en recordar sus sueños y convertirlos en parte de su rutina, más sueños recordará a lo largo de su vida. Al principio, esto parece simplista y como algo que tal vez nunca funcionará para usted, pero si funciona; deberás seguir explorando y siendo abierto. Con el tiempo, tus sueños se harán más vívidos y podrás recordarlos mejor de lo que podrías imaginar.

LA SABIDURÍA DEL SOÑAR

Este capítulo invierte algo de tiempo en hablar sobre las diferentes cosas que puede hacer para ayudarse a recordar sus sueños. Si usted es alguien que tiene problemas para recordar sus sueños, o termina levantándose de la cama y listo para trabajar demasiado rápido y los sueños comienzan a desvanecerse, puede beneficiarse de invertir algo de tiempo extra en este capítulo. Si no puede mantener los sueños que tiene, es imposible ver los resultados de este enfoque. Se requiere mucho trabajo y dedicación, pero la Sueñosofía tiene el potencial de ayudarte a aprender de sus sueños y sentirse satisfecho con ellos cada día. Pero primero, deberá recordarlos.

Esta exquisita copia y tinta de un grabado anónimo del siglo XIX fue enviada al autor por David Gonzales, un prisionero en la prisión estatal de San Quintín en California, en 1996. Dado que proviene de una prisión, representa todas las formas en que estamos encarcelados y somos capaces de obtener la libertad en nuestros sueños. La representación original fue dibujada a mano, en un sobre, que posteriormente fue marcado por un sello postal. La versión digital ha sido meticulosamente restaurada por el diseñador gráfico Eduardo Lista Oleynick.

SUEÑOSOFÍA BITÁCORA DEL SUEÑO

Llevar una bitácora del sueño puede mejorar la capacidad de recordar los sueños y hacer que sea más fácil recordarlos y poder referirse a sus sueños más adelante.

A lo largo de este libro, encontrará las páginas de Sueñosofía Bitácora Del Sueño, así como páginas para notas destinadas a ayudarle a comenzar (o continuar) a llevar registros de la vida de sus sueños.

Este libro es diferente de muchos libros: De niños, a la mayoría de nosotros se nos enseñó a nunca escribir en un libro. Este libro es lo opuesto: es una GUÍA, que funciona mejor si usted escribe dentro del libro.

Utilice las páginas de Sueñosofía Bitácora Del Sueño a lo largo de este libro para hacer un registro de sus sueños.

También puede usar las páginas de notas y otros espacios de cualquier parte del libro para escribir sus respuestas a las preguntas, ejercicios y actividades de cada sección.

¡Cada vez que escribes en este libro, es como plantar semillas y cultivar las plantas en tu Jardín de los Sueños!

NOTAS:

NOTAS:

En el capítulo anterior, usted invirtió algo de tiempo leyendo sobre los mitos que vienen con los sueños y cómo puede explorar recordando sus sueños. Si bien también leyó que el enfoque de la Sueñosofía no incluye pasar demasiado tiempo interpretando y analizando sus sueños, esto no significa que no haya cosas geniales que puedas hacer en tus sueños. En este capítulo, se le invitará a considerar algunos de los pasos que puede seguir para aprender a ser libre en sus sueños. Hay algunos niveles en este capítulo, pero puede descubrir que a medida que trabaja en cada uno, puede sentir que la libertad se apodera de usted lentamente en sus sueños. ¡Empecemos!

¡SEA LIBRE EN SUS SUEÑOS! NIVEL UNO

Ser libre en sus sueños puede tomar un poco de tiempo y atención para completar. Primero se le invitará a notar la cantidad de libertad que tiene en tus sueños antes de pasar a identificar la libertad que tiene en sus sueños y en su vida despierta. Una vez que complete estos dos niveles, puede comenzar a hacer los cambios que desee para tener más libertad no solo en sus sueños, sino también en su vida despierta.

En este primer nivel, no necesitas intentar nada demasiado loco. El punto es solo comenzar a notar varios aspectos de su sueño, solo observe, eso es todo. En el pasado, cuando soñaba, es probable que solo eras un espectador en el viaje. No se preocupe por las acciones que tomaste o la libertad que tenía para tomar decisiones; y es poco probable que haya tenido mucha influencia sobre lo que sucedía en sus sueños en el pasado. Esto está a punto de cambiar, pero en este primer nivel, en este momento solo observe cómo se comporta usted en sus sueños, antes de que algo cambie.

Para este nivel, las cosas se mantendrán bastante sencillas. No estará tratando de forzar nada o aprender algunas cosas locas que le ayudarán a ser totalmente libre en tus sueños. De hecho, todo lo que se le invitará a hacer en este nivel

es notar las oportunidades del sueño. En este nivel, no estás trabajando para establecer conexiones detalladas entre tu vida despierta y sus sueños. En cambio, usted considerará para darse cuenta si alguna de las oportunidades que se encuentran en sus sueños son las mismas oportunidades que ocurren durante su vida despierta.

Más adelante, en el Nivel 2, se le invitará a aprender cómo identificar las Oportunidades Del Sueño básicas. Aprenderá una habilidad que podrá utilizar por el resto de tu vida. Luego, en el Nivel 3, aprenderá cómo transformar estas oportunidades que ha notado e identificado, de modo que pueda usarlas cuando este despierto.

A medida que explora estos tres niveles, recuerde que mientras está dormido, no está tratando de cambiar sus sueños. Esto puede hacer que dormir y soñar sea muy desgastante, y ninguno de nosotros quiere que eso suceda. En cambio, es posible que solo desee observar cosas que ya están presentes en sus sueños, sin importar cuáles sean. Para comenzar con este primer nivel, hay algunos ejercicios que puede hacer que pueden ayudarlo a comprender qué tan libre es usted actualmente en su vida y en sus sueños, por lo que puede hacer un esfuerzo para cambiarlas si no está contento con los resultados.

Cuando hablamos de ser libres, nos referimos a la diferencia entre ser un participante activo o un participante pasivo en su sueño. A veces, cuando se vas a dormir y sueña, puede ser un soñador pasivo. Puede que no esté al tanto de todas las cosas que puede hacer cuando está soñando; solo es un espectador en el viaje. En estos sueños pasivos, solo está viendo lo que sucede frente a usted, pero no ha aprendido cómo dar el siguiente paso y decidir qué sucederá. A través del enfoque de la Sueñosofía, puedes aprender a considerar sus sueños sin restricciones ni ataduras. Así entonces podrá tener libertad total.

Profundizaremos más sobre esto más adelante, pero por ahora, este nivel solo le ayudará a aprender a notar su sentido de libertad en su sueño. Esto puede ayudarlo a notar si está restringido o libre en el sueño o si es un participante pasivo o activo. Básicamente comenzará a mirar los sueños que recuerde, para ver si te sientes libre o limitado. No considerará qué puede hacer al respecto, sino que simplemente observará lo que está sucediendo en este momento.

Para iniciar, recuerde o invente un sueño. Puedes escribir un sueño actual o pasado, inventar un sueño o hacer un registro de algunos eventos breves de su vida despierta como si fueran sueños.

COMO SER ¡LIBRE! NIVEL UNO

TITULO DEL SUEÑO:
FECHA:
UBICACIÓN:
HISTORIA DEL SUEÑO:

Luego, con cada uno de los sueños, responda a las siguientes preguntas:

1. ¿Cómo soñador es activo o pasivo en este sueño?

2. ¿Es libre o está restringido de alguna manera?

3. ¿Tiene el papel principal en este sueño o una parte secundaria?

4. ¿Le gusta cómo está usted en este sueño?

5. ¿Está participando en este sueño o simplemente observando?

6. ¿Cuál es la forma principal de actividad en este sueño?

7. Enumere todos los diferentes roles (formas de hacer las cosas, hablar, moverse o actuar) en este sueño. Elija el que más le guste.

a._____
b._____
c._____
d._____

El punto aquí es aprender cómo reacciona en sus sueños. ¿Cuándo sueña, qué acciones toma? ¿Es solo un espectador, como alguien que solo ve una película, sin ningún control sobre lo que le sucede durante ese sueño? Para algunas personas, esto es una parte de sus vidas. Están acostumbrados a ser observadores sin tener ninguna influencia sobre lo que sucede a su alrededor. Para otros, esto puede ser realmente frustrante porque quieren tener este control, pero simplemente no saben cómo comenzar. Con solamente notar cómo se comporta y la cantidad de libertad que tiene actualmente en sus sueños, es posible que comience a ver algunos cambios.

Una cosa que podrá notar es que algunos aspectos de sus sueños pueden coincidir con su vida despierta. Por ejemplo, puede notar que la cantidad de libertad que tenga en sus sueños está directamente relacionada con la cantidad de libertad que tiene en su vida despierta. Si su libertad es limitada, no puede influir sobre lo que sucede en el sueño, y sus sentimientos y acciones no tendrán influencia sobre lo que ocurre en el sueño, entonces es probable que experimente la misma cantidad de libertad en su vida despierta.

Más adelante, aprenderá cómo hacer algunos cambios en la cantidad de libertad que tiene tanto en la vida de sus sueños como en la vida despierta. En esta parte, solo estará invirtiendo el tiempo para darse cuenta de cuánta libertad hay en sus sueños. Entonces, durante una semana o dos, despierte por la mañana y observe cuánta libertad estaba presente en sus sueños. Puede notar que cada sueño es un poco diferente. En un sueño, puede tener más libertad, mientras que en otro sueño, no tiene libertad. Esto está perfectamente bien, pero anote la información y calcule un promedio. Esto puede ayudarle con ejercicios posteriores.

Con el tiempo, es posible que pueda cambiar la forma en que se comporta en los sueños. Esto puede hacer que sea más fácil recordar sus sueños. A medida que comience a recordar cada vez más de sus sueños, podrá comenzar a conocerse más como soñador. De hecho, es posible que se sorprenda más de la cantidad de verdad e intensidad que ha estado conteniendo a lo largo de su vida. Para este nivel, recién está empezando a notar lo que sucede en sus sueños, pero con el tiempo, puede pasar a ser un participante activo en sus sueños e incluso a identificar cómo puede usar sus sueños para hacer cambios en su vida.

Preguntas al despertar

Una vez que tenga algo de tiempo para terminar el sueño y despertarse, tómese un momento para hacerse algunas preguntas. Esto puede ayudarlo a sacar algunas conclusiones iniciales sobre sus sueños y su vida real.

1. ¿Su papel en este sueño es similar a su papel en el despertar?

2. Tome una pausa: piense en su nivel de libertad en el trabajo, en los ratos de ocio y las relaciones.

Puede detenerse por un momento y pensar detenidamente en esto. Piense en cuánta libertad tiene en sus relaciones, en el trabajo, en los ratos de ocio y en todas las otras cosas que hace durante el día. ¿Es un participante activo que toma decisiones, o se siente al margen con la esperanza de que alguien le diga qué hacer? A menudo, los sueños que tiene reflejan su vida real, y durante esta lección, se le invita a considerar eso y comprender cómo esto funciona.

Enseñando a alguien mas

Una cosa que puede notar es que podrá mejorar cuando es capaz de enseñarle a alguien las cosas que acaba de aprender. Puede considerar buscar un compañero de sueño, o al menos un amigo cercano o un familiar, que esté dispuesto a discutir sus sueños con usted. Cualquiera que conozca fuera de sus sueños será útil para esto. Intente usar la regla de los tres pies o un metro: cualquier persona que esté a menos de un metro de usted es la persona con la que se supone que debes hablar sobre sus sueños. Prepárese para invertir algo de tiempo hablando con otros sobre sus sueños. Es probable que sean como usted al inicio de este proceso de la Sueñosofía, pueden querer saber qué significa todo y por qué está sucediendo. Pero cuando hable con ellos, puede mencionar las cinco oportunidades básicas que se analizan en esta guía:

- Cómo ser libre en sus sueños
- Cómo sentirse bien en sus sueños
- Cómo hablar en sus sueños
- Cómo hacer amigos en sus sueños
- Cómo entender y realizar sus sueños

Día de Oportunidad Del Sueño:

Un ejercicio más antes de seguir. Para este, escogerá un momento durante la semana para tener un ¡Día de Oportunidad Del Sueño!

Invéntese un ejercicio que crea que lo ayudará a tener los sueños que desea. Anteriormente, siguió los ejercicios de la Sueñosofía. En este día, sea creativo e invente el suyo. Puede ser cualquier cosa. El tipo de ejercicio es menos importante que el hecho de hacerlo, porque es el realizarlos lo que realmente le ayudara a prestar atención a sus sueños.

Durante este tiempo, puede inventar un ejercicio que pueda ayudarle a tener los sueños que le gustarían. No se preocupe por hacer que la actividad sea perfecta; las acciones son más importantes que el ejercicio, porque pueden ayudarlo a prestar más atención a los sueños que esta teniendo. Por ejemplo, puede decidir qué comer un tazón de helado o decir una oración antes de acostarse le ayudará a recordar un sueño. O tal vez brincar sobre una pierna durante el día, mientras come un plátano (Usted elija), solo asegúrese de que sea algo que pueda y quiera hacer, y luego compare los resultados al día siguiente con la intensidad y / o memorable sus sueños.

Básicamente, en el Nivel 1, solo estará considerando sus sueños y tratando de hacerse una idea de lo libre que es en sus sueños. No está haciendo ningún cambio en este momento; simplemente se relajara e intentara darse cuenta si es más activo o más pasivo en sus sueños. Cuando sea capaz de notar cómo reacciona en sus sueños, podrá determinar si le gustan estos resultados o no. Luego, puede usar algunos de los otros niveles en esta sección para ayudarlo a obtener más libertad, si así lo desea.

¡SEA LIBRE EN SUS SUEÑOS! NIVEL DOS

Cuando haya terminado con el Nivel 1 y haya comenzado a darse cuenta de lo que sucede en sus sueños, puede pasar al Nivel 2: Identificar y representar gráficamente los aspectos de sus sueños. El nivel 1 consistía en notar las cosas que estaban en su sueño. En el nivel 2, aprenderá cómo tomar las cosas que suceden en su vida diaria y las cosas que suceden en sus sueños e identificará cómo se pueden conectar. Este no es un proceso forzado, sino que puede proporcionarle herramientas que pueden profundizar y expandir su experiencia y el valor de su propia vida del sueño.

El nivel 2 consiste en algunos ejercicios que pueden ayudarle a identificar aspectos importantes de la vida de sus sueños. Estos ejercicios son más beneficiosos si se realizan cuando recuerda un sueño o cuando ha inventado uno que se desea usar para el Nivel 2. Aquí no hay respuestas correctas o incorrectas, pero el solo hecho de notar algunas de las respuestas puede ayudarlo a comenzar apreciar una diferencia en los sueños que está teniendo. A través del enfoque de la Sueñosofía, comenzará a aprender una nueva forma de pensar y experimentar sus sueños. Vamos a utilizar estos ejercicios sencillos para comenzar a tener sueños que funcionen para el beneficio de usted, en lugar de los que funcionan en su contra.

COMO SER ¡LIBRE! NIVEL DOS

TITULO DEL SUEÑO:
FECHA:
UBICACIÓN:
HISTORIA DEL SUEÑO:

Ejercicio 1

Primero, invierta un poco de tiempo para hacer algunos ejercicios. Estos te ayudarán a ver qué tanta libertad tiene en sus sueños. Puede elegir hacer esto después de cada sueño y solo invertir unos minutos en él, o puede tomar más tiempo escribir sobre cada sueño y escribir respuestas y respuestas más completas para cada uno de los ejercicios y preguntas. Para iniciar, tome en cuenta algunos de los sueños que ha tenido recientemente.

Para comenzar a identificar, comience haciendo una GRAFICA de su libertad. Utilice esta escala para calificar su nivel de libertad. ¿Qué tan activo está en este sueño?

1. NO ACTIVO: No toma ninguna acción en el sueño.
2. PASIVO: Usted es solo una parte del sueño. Su capacidad de control es la de alguien presente pero no involucrado e indiferente.
3. LIGERAMENTE ACTIVO: Existe alguna respuesta suya a los eventos soñados, pero en su mayor parte su actividad no cambia el resultado del sueño.
4. ACTIVO: Su actividad es obvia en el sueño. Sus acciones en respuesta a los eventos son efectivas.
5. MUY ACTIVO: Su actividad es central para el sueño.

Al lado de sus notas sobre este sueño, escriba el número que corresponda a su nivel de actividad en la vida de sus sueños en general. ACTIVIDAD GENERAL: 1, 2, 3, 4 o 5.

También al lado de sus notas sobre este sueño, escriba el número que corresponde a su nivel de actividad en este sueño. ACTIVIDAD DE SUEÑO RECIENTE: 1, 2, 3, 4 o 5.

Durante su niñez, ¿Cuánta libertad tenia usted realmente para hacer las cosas que quería? Claro, no tenía facturas que pagar, ni tenía que ir a trabajar, pero sus decisiones eran mínimas y sus padres generalmente tomaban las decisiones. Por otro lado, a medida que uno crece hasta la edad adulta, se gana más libertad y el camino que toma su vida va a estar conectado con las decisiones que elija. Esta libertad a veces disminuye nuevamente cuando llega a sus años mayores ya que necesita más ayuda de otras personas para hacer las cosas.

Sus sueños también pueden pasar por altas y bajas. En algunos sueños, usted puede estar en el asiento del pasajero y otros puede ser totalmente libre de

participar de la forma que elija, incluso antes de pasar por estos niveles. Pero con el tiempo, podrá elegir su nivel de libertad en el sueño, sin sentir que es forzado, porque esto le ayuda a sacar el máximo provecho de sus sueños.

Ejercicio 2

Past Questions:

1. Usando la escala de 1 a 5 mencionada anteriormente, en una nueva página u hoja de papel, escriba el número de su actividad de su vida despierta que mejor indique la libertad que tuvo durante los siguientes períodos de su vida:

1 - 5 años de edad
6 - 12 años de edad
13 - 16 años de edad
17 - 21 años de edad
22 - 25 años de edad
26 - 35 años de edad
36 - 45 años de edad
46 - 55 años de edad
56 - 65 años de edad
66 - 75 años de edad
76 años en adelante

2. Ahora dibuje líneas y números verticales y horizontales para crear esta gráfica de tu libertad para cada período de su vida. Coloque un punto sobre cada edad, luego conecte los puntos:

5

4

3

2

1

Edad   1   6   13   17   22   26   36   46   56   66   76

Su grafica será algo parecida a esta:

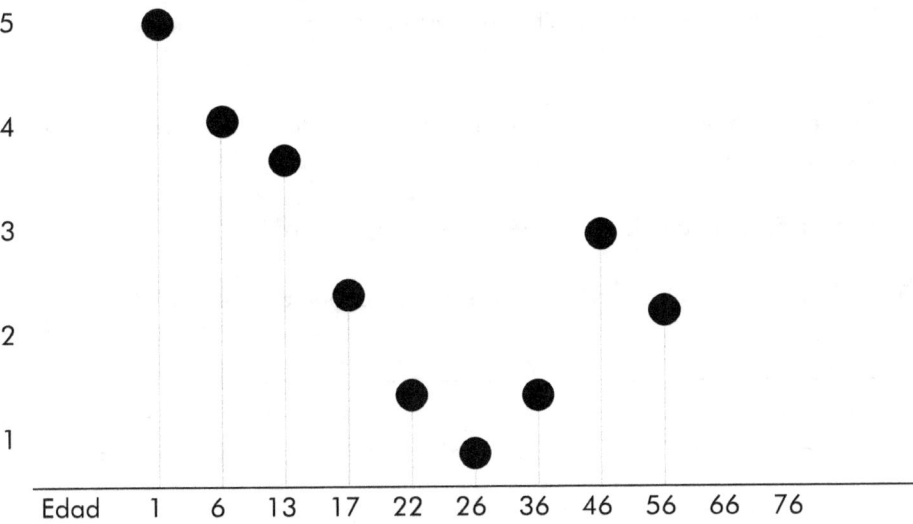

Su grafica terminada puede ser parecida a esta una vez que haya conectado los puntos:

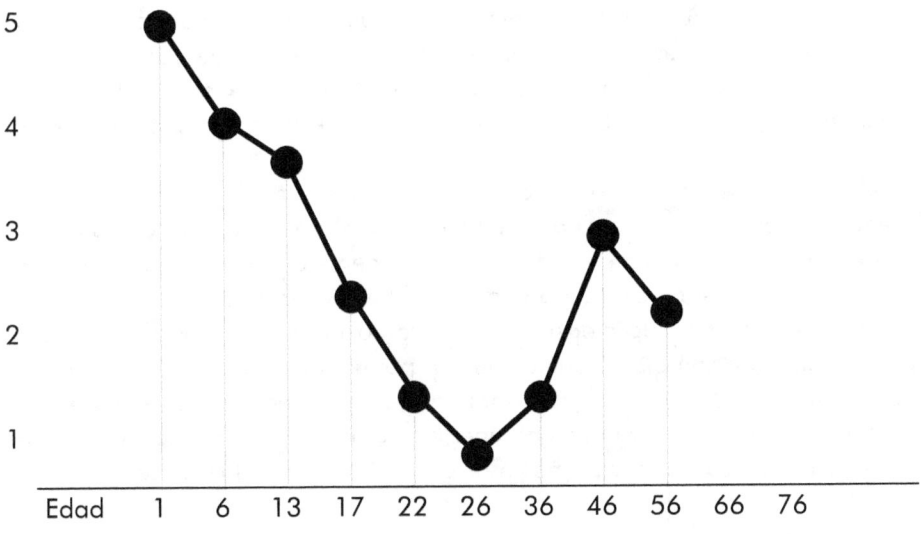

- Ahora observe la última gráfica.
- Note si su libertad ha cambiado con el paso de los años.
- Piense sobre lo que le ha sucedido a usted y como usted ha cambiado.

3. Piense en cómo sus padres, sus amigos y su entorno han determinado su capacidad de ser libre en su vida.

4. ¿Está satisfecho con la libertad que tiene al despertar?

5. Escriba tres creencias que tiene sobre cómo debería estar en su vida despierta:

a._____
b._____
c._____

Pregunta de Oportunidad Del Sueño

¿Qué fortalezas especiales tienes que no usas?

Para este ejercicio, invierta algo de tiempo para comprender las fortalezas especiales que usted posee y para profundizar más en sí mismo. Para comenzar, piense en algunas de las fortalezas especiales que tiene pero que no utiliza a menudo. Todos tienen fortalezas que son importantes para el carácter, pero tal vez esté preocupado de que los demás le juzguen o de que no sea bueno con esas fortalezas, así que termina empujándolas hacia los recuerdos, esperanzas y sueños ocultos. Pero, ¿Por qué hace eso? ¿Realmente es usted la mejor persona que puede ser, cuando esconde algunas de sus fortalezas personales?

Puede que no se dé cuenta, pero con este ejercicio, se le esta haciendo una pregunta que puede parecer un poco fuera de su zona de confort, una pregunta que la mayoría de la gente tiende a evitar. La gente a menudo puede culparse a sí mismos por ser de cierta manera, sin darse cuenta de que fueron forzados a ser así a medida que crecían. Ahora, como adulto, es posible que usted pueda hacer ese cambio. Puede comenzar por comprender las Oportunidades del Sueño de la Sueñosofía. Es posible que pueda encontrar talentos ocultos a través de sus sueños, y puede obtener las habilidades y el conocimiento que necesita para alcanzar sus sueños más preciados en la vida despierta.

Ejercicios Extra

Pasado: En cualquiera de sus sueños, identifique y enumere las distintas maneras en las que se sintió, actuó y pensó en los sueños cuando era niño.

Presente: Trate de identificar en su sueño más reciente una forma única de hablar, sentir, actuar o comprender, que sea completamente suya de la manera que es usted ahora.

Futuro: Considere cómo pudo haber cambiado o completado su sueño más reciente:
- ¿Cómo podría haber cambiado las acciones que uso en el sueño?
- ¿Cómo podría haber cambiado su nivel de sentimiento?
- ¿Cómo podría haber cambiado lo que dijo?
- ¿Cómo podría haber cambiado su nivel de comprensión?
- ¿Cómo podría haber cambiado el nivel de contacto que tenía con otras personas en el sueño?

A veces, echar otra mirada al sueño en el que está y verlo desde un punto de vista diferente puede hacerlo verse completamente diferente. Por ejemplo, si tuvo un sueño en el que era un niño que pensaba de manera diferente a como lo hace ahora, puede ser útil utilizar parte de su conocimiento y comprensión a partir de hoy para aplicarlo a su sueño. Esto puede ayudarle a ver algunas cosas que pudo haber omitido antes. Si se sintió perdido y confundido en el sueño, puede traer algo del futuro y pensar cómo habría cambiado lo que sucedió en el sueño.

¡SEA LIBRE EN SUS SUEÑOS! NIVEL TRES

A diferencia de otros libros sobre los sueños, este no va a prometerle que puede obtener resultados milagrosos sin actividad. Esta guía le pide que haga algunos cambios importantes en la forma en que comprende y considera sus sueños, y la esto puede ser una tremenda diferencia.

En este último nivel, hay algunos ejercicios para que usted explore. Estos le invitan a considerar un cambio. Avanzara de notar lo que hizo en el primer nivel y la identificación en el segundo nivel. Este tercer nivel se enfocará en cambiar y producir la transformación.

Hasta ahora, esta guía le ha brindado algunos ejercicios introductorios y teorías a seguir. Seguramente, ha estado haciendo estos ejercicios, pero

probablemente haya notado que no ha recibido ninguna explicación real de lo que significan todos los ejercicios y qué resultados debe obtener de estos ejercicios.

La buena noticia es que si te dedicas a los ejercicios que se ofrecen en cada nivel, puedes notar que tus sueños se desarrollan de forma sencilla y natural. No tendrá que forzar esto para que suceda. No tiene que gastar mucha energía o pasar molestias para invitar a sus sueños al cambio y desarrollo. Puede enfocarse en algunos de los ejercicios y utilizarlos para apoyar a que sus sueños se desarrollen solos.

La razón por la cual esta guía no ha dedicado demasiado tiempo a la explicación de los ejercicios y los desarrollos que puede experimentar, es porque las experiencias en sí mismas serán más importantes que las explicaciones. Cada persona pasará por este proceso de una manera distinta. Por lo tanto, solo hacer los ejercicios por su cuenta, permitiendo que sus sueños se desarrollen como puedan, podrá hacer una gran diferencia.

En el Nivel 3, vamos a hacer otro cambio. Estos tres niveles han cambiado mucho. Usted empezó con la tarea de simplemente darse cuenta de las cosas en sus sueños, lo cual, para aquellos que recién están comenzando, puede ser un desafío en sí mismo. Luego, el segundo nivel pasó a identificar y calificar algunas de las cosas en su sueño y cómo podrían pertenecer a su vida diaria. Ahora ya ha terminado de ser un observador y puede participar más activamente en este Nivel 3. Este nivel le ayuda a cambiar sus sueños simplemente cambiando sus oportunidades.

En el Nivel 3, se le invitará a desafiar algunos de sus límites personales. Estos límites van a ser diferentes para todos, por lo que, si bien es posible que a algunos les resulte fácil hacerlo, es posible que para usted sea un desafío mayor. Sea amable consigo mismo y permanezca tranquilo, porque apartarse de las expectativas habituales de sí mismo, puede ser difícil para algunas personas; pero con un poco de deliberación, podrá lograrlo en poco tiempo.

La tercera parte puede ser más difícil que las otras dos partes. Esto se debe a que comenzará a presentar algunas de sus Oportunidades Del Sueño en su vida diurna. Ahora no solo se trata de soñar; en cambio, se trata de darle vida a esas oportunidades y de ver cómo pueden marcar la diferencia. Si no está intentando nada nuevo cuando está al despierto, es probable que su progreso se detenga. Pero tenga en cuenta que si intenta hacer demasiado a la vez, podría comenzar a sentirse desalentado.

Por lo tanto, tome las cosas a un ritmo adecuado para usted y sea amable consigo mismo durante este proceso.

Una advertencia rápida antes de comenzar: Pasar al Nivel 3 y realizar algunas de las actividades sugeridas en este nivel puede producir algunos cambios en su vida.

Usted es el único responsable de estos cambios. Si es dedicado y trabaja a un ritmo que le resulte cómodo, puede ser más fácil para usted ver algunos de los cambios que desea. Por otro lado, si omite los pasos o no les da el tiempo que pueda, es posible que no vea los cambios que espera.

Para mantener el equilibrio adecuado en este paso, tenga cuidado de mantener algunos límites adecuados a su libertad total en su vida despierta. Si tiene problemas para encontrar este equilibrio en su vida despierta, o si no está seguro de lo que es correcto, busque la ayuda de un profesional certificado y con licencia. Al pasar al Nivel 3, está de acuerdo con aceptar la responsabilidad plena y total de su vida. Si no siente que puede manejar esta responsabilidad, no continúe al Nivel 3 en este momento. Una vez más, permítase intentar nuevos pasos gradualmente. Si no siente está cómodo, deténgase o solicite ayuda.

Ahora que conoce algunas de las instrucciones para este nivel, puede aprender a usar el Nivel 3 para agregar algo de libertad a la vida de sus sueños. Para esta parte, invente o recuerde su sueño. Puede repetir los pasos del capítulo anterior o anotar los sueños para recordarlos en este paso.

COMO SER ¡LIBRE! NIVEL TRES

TITULO DEL SUEÑO:
FECHA:
UBICACIÓN:
HISTORIA DEL SUEÑO:

Tome ese sueño y luego considere su libertad. Estas son algunas de las preguntas que deberá hacerse:

1. ¿Está satisfecho con su nivel de libertad en este sueño?
2. ¿Qué tendría que pasar en este sueño para que pudiera estar totalmente satisfecho con su libertad en el sueño?
3. ¿Cuál es su actividad principal en este sueño?
4. ¿Cómo mantiene incompleta su libertad?
5. ¿Qué tendría que hacer para tener completa libertad?
6. ¿Su libertad en este sueño funciona para usted o su contra?
7. ¿Cómo tendría que cambiar su nivel de libertad para fluir a un nivel completamente nuevo?
8. Califique su nivel de LIBERTAD en este sueño, usando la escala de 1 a 5 mencionada en el Nivel 2:

¿Qué tan activo estás en este sueño?

    1. NO ACTIVO: No toma ninguna acción en el sueño.
    2. PASIVO: Usted es solo una parte del sueño. Su capacidad de control es la de alguien presente pero no involucrado e indiferente.
    3. LIGERAMENTE ACTIVO: Existe alguna respuesta suya a los eventos soñados, pero en su mayor parte su actividad no cambia el resultado del sueño.
    4. ACTIVO: Su actividad es obvia en el sueño. Sus acciones en respuesta a los eventos son efectivas.
    5. MUY ACTIVO: Su actividad es central para el sueño

    ¿Cómo sería si elevara su nivel de libertad a un nivel más alto?
    ¿Cómo sería si tomara su nivel de libertad a un nivel más bajo?

9. Haga una lista de todos sus temores de lo que sucedería si elevara su libertad a un nivel total.

Encontrando la Palabra De Libertad del Sueño

Escribe las diez palabras principales que podría utilizar para describir lo que está sucediendo en su sueño.

1. _____
2. _____
3. _____
4. _____
5. _____
6. _____
7. _____
8. _____
9. _____
10. _____

Encierre en un círculo cinco de las palabras en su lista de diez.

De las cinco palabras circuladas, escriba tres en una nueva página.

1. _____
2. _____
3. _____

De las tres palabras, circule dos.

De las dos palabras en un círculo, escriba una en una página en blanco, por sí misma. Esa palabra es su Palabra de Libertad del Sueño. Recuerde su Palabra de Libertad del Sueño a lo largo del día.

PALABRA DE LIBERTAD DEL SUEÑO

No tiene por qué haber mucha razón para la palabra que haya elegido; simplemente escoja la palabra que tenga sentido para usted o la que más se destaque a través de estas diferentes etapas. Esta palabra es su Palabra de Libertad Del Sueño. Mantenga un registro de esta palabra. Piénselo varias veces durante el día, ya sea que saque ese pedazo de papel en el que escribió la palabra o simplemente piense en ello.

Sugerencia al estar despierto

Aquí está su sugerencia al estar despierto para este nivel: Para esta, elija un día en el que pueda cambiar su nivel de actividad. Cuando comience a notar su actividad, considere aumentar o disminuir su nivel de actividad a intervalos regulares, y continúe haciéndolo durante el resto del día. Esto puede ayudarte a ganar más libertad durante el día y puede traducirse en más libertad cuando se vaya a dormir y sueñe por la noche. Sea responsable y respetuoso en todas sus acciones cuando esté despierto y no se haga daño a sí mismo ni a los demás de ninguna manera.

1. Intente cambiar su nivel de actividad hoy. Cuando note su nivel de actividad, disminuya un poco y luego aumente. Pruebe esto todo el día, disminuya un poco y luego aumente. Mantenga el respeto y sea responsable en todas sus acciones en la vida despierta. No se haga daño a sí mismo ni a los demás de ninguna manera.

2. Antes de continuar, ¿Realmente intento algunas de esas cosas nuevas? Si no, al menos note e identifique cómo fue que se detuvo.

¿Se confundió?
¿Fue menos activo?
¿Ha restringido su capacidad de sentirse bien?
¿Ha hablado menos?

Manteniendo los Cambios

Si ha realizado los ejercicios de los niveles 1, 2 y 3, sus sueños probablemente ya hayan empezado a cambiar. Aquí hay una serie de preguntas que puede usar para mantener esos cambios:

   1. ¿Cómo le pareció la libertad que usted tuvo en este sueño?

2. ¿Qué le está tratando de decir su sueño sobre su vida despierta?

3. ¿Qué le está tratando de decir su sueño sobre su futuro?

4. ¿Cómo puede usted cambiar su oportunidad para que las circunstancias presentes y futuras trabajen para usted?

Si no está satisfecho con su libertad en sus sueños, repita los ejercicios en el Nivel 3 en un día diferente, con un sueño diferente. Si aún no está satisfecho, repítalo de nuevo un día más.

Cuando haya terminado con los tres niveles en este capítulo, es posible que note un gran cambio en la cantidad de libertad que puede disfrutar en sus sueños. Puede que no solo seas un espectador inocente que solo ve lo que está sucediendo y no tiene voz ni voto. Ahora puede notar que hay una clara diferencia en sus sueños y en la cantidad de libertad que tiene para moverse, tomar decisiones y hacer las cosas que desea en sus sueños.

EN RESUMEN

Muchas veces, la cantidad de libertad que tienes en tus sueños estará directamente relacionada con la cantidad de libertad que tienes en tu vida despierta. Puede pasar por la vida sintiendo que tiene que esperar las decisiones de los demás, o que alguien más está siempre en el centro de la escena y usted simplemente está como espectador. Pero hay cosas que puede hacer para cambiar esto y asegurarse de que sea el centro de atención, si eso es lo que desea.

Primero, comience por notar que no tiene la libertad que desea. Este capítulo comenzó con darse cuenta de cuánta libertad tiene en sus sueños. A menudo, este es un buen indicador de cuánta libertad tienes en tu vida despierta. En este nivel, todo lo que se le invito a hacer fue observar cuánta libertad había en sus sueños. Varía a veces, y puede haber sueños donde tiene más libertad, pero debe ser capaz de promediar sus sueños para obtener una estimación de sus niveles de libertad en sus sueños. En este primer paso, usted simplemente es responsable de notar sus niveles de libertad.

A medida que avanzó en los tres niveles de este capítulo, fue invitado a tomar algunas medidas. No solo notó su nivel de libertad en sus sueños, sino que también le invitaron a comenzar a darse cuenta de la libertad que tiene en su vida diaria. Le sorprenderá saber que su nivel de libertad no es tan alto como le gustaría. Eso está bien para los dos primeros niveles, pero en el tercer nivel, usted es responsable de usar estas conexiones y de hacer algunos cambios. Con el tiempo, podrá cambiar el nivel de libertad que tiene en sus sueños, al cambiar su conciencia de su nivel de libertad en tu vida despierta.

Tener más libertad en sus sueños puede cambiar muchas cosas. En lugar de ser un espectador, o alguien que se sienta y observa lo que está sucediendo con el sueño, sin ninguna influencia sobre él, puede aprender a convertirse en la atracción estelar de su sueño, si eso es lo que prefiere. Es posible que desee avanzar la historia, hablar de la manera que desee y moverse en el sueño de la manera que desee. Ya no se quedará atrapado haciendo lo que alguna otra persona o cosa le diga que haga, porque será usted quien elija su nivel de libertad tanto dentro como fuera de su sueño.

La cantidad de libertad que tiene en su vida despierta y en la de sus sueños puede afectar fuertemente la calidad de vida que disfruta. Con la ayuda de los pasos de este capítulo, podrá obtener más libertad en ambas y ver brillar los resultados en ¡Muy poco tiempo!

Cuando esté listo para obtener más libertad en sus sueños, como la libertad de moverse y hacer lo que quiera en el sueño, asegúrese de revisar los tres niveles en este capítulo. Es posible que vea algunos grandes cambios ¡Muy rápidamente!

NOTAS:

NOTAS:

NOTAS:

En esta parte de la guía, se le invitará a concentrarte en cómo se sientes en sus sueños. Es probable que en el pasado despertara de sus sueños con algunos tipos de sentimientos persistentes. Es posible que haya despertado sintiendo tristeza o enojo o incluso felicidad después de un sueño en base a lo que haya ocurrido durante su sueño. O bien, puede haber despertado sintiendo que algo estaba apagado en el sueño o que puede haber una lección que podría aprender de él. Hay tantos sentimientos diferentes que pueden surgir de sus sueños, pero como verá con esta guía, usted puede influenciar algunos de los sentimientos que ocurren mientras sueña.

Consideremos los sentimientos que están asociados con sus sueños. Los siguientes niveles comienzan con notar algunos de los sentimientos que tiene en la vida real y en sus sueños. Luego, pasará a identificar algunos de los sentimientos que aparecen en sus sueños, antes de pasar al último nivel que le ayudara a transformar sus sentimientos en los sueños y en su vida. Consideremos los tres niveles de sentirse bien en sus sueños y cómo puede controlar sus sentimientos ¡En cada sueño!

¡SIENTASE BIEN EN SUS SUEÑOS! NIVEL 1

En este primer nivel, vamos a considerar cómo puedes sentir en tus sueños. A menudo hay algunos sentimientos fuertes en tus sueños. Hay momentos en los que puede haber despertado de sus sueños sintiéndose triste, molesto o incluso feliz con lo que sucedió durante el sueño. A través de estos ejercicios, puede comenzar a influir en cómo se siente y que tan intensamente usted siente en sus sueños, en lugar de simplemente ser un espectador. Usted aprenderá más sobre esto más adelante, en el Nivel 3. Para el Nivel 1, aprenderá cómo reconocer algunos de estos sentimientos, para permitirles que lo inunden desde el momento en que despierte, en lugar de ignorarlos o tratar de alejarlos a medida que avanza su tu día.

Con el enfoque de la Sueñosofía, cuando usted escucha acerca de los sentimientos, se trata de cómo se sientes como el soñador (como cómo se sientes después de que el sueño haya terminado y los sentimientos que percibe), de cómo se sienten los otros personajes en el sueño y cómo el sueño puede sentirse en general. Este nivel lo invita a considerar cómo se siente en sus sueños, y por ahora, solo notará esos sentimientos, ya sea que estos sentimientos sean indiferentes, malos o buenos.

Antes de comenzar con esta sección, recuerde o invente su sueño. Puede seguir algunos de los consejos en el primer capítulo, por ejemplo el Cómo Recordar Sus Sueños, para ayudarlo a recordar su sueño. Es posible que desee utilizar un sueño diferente todos los días, o puede ser útil volver al mismo sueño durante una semana o más.

COMO SENTIRSE ¡BIEN! NIVEL UNO

TITULO DEL SUEÑO:
FECHA:
UBICACIÓN:
HISTORIA DEL SUEÑO:

Una vez que tenga un sueño que desea usar, usted puede responder las siguientes preguntas:

1. ¿Qué tan intensos son sus sentimientos en este sueño?
2. ¿Cuál es el sentimiento principal en este sueño?
3. ¿Cuáles sentimientos tiene usted como el soñador en este sueño?
4. Haga una lista de los diferentes sentimientos en este sueño colocando el más intenso primero:
a._____
b._____
c._____
d._____

Preguntas al Despertar

Ahora que tiene respuestas a esas preguntas, de los sueños que tuvo durante la última semana, puede hacer algunas preguntas cuando esté despierto, incluidas los siguientes:

1. Piense sobre todo lo sentimientos que experimento hoy:

a. ¿Cuál es el más fuerte?
b. ¿Cuál fue el más débil?

2. Haga una lista con algunos de los diferentes sentimientos que usted normalmente NO experimenta:
a._____
b._____
c._____
d._____

3. ¿Qué sentimientos tiene usted sobre sí mismo?

a. ¿Le gusta la persona que usted es?
b. ¿Le agradan algunas cosas y le desagradan otras?

4. ¿Existen maneras en las que le gustaría sentirse en el sueño pero simplemente no puede o no lo siente de esa manera por distintas razones?

5. ¿Al despertar?

6. Escriba o haga una nota mental de ellos.

Cuanto más se dé cuenta de cuáles son sus sentimientos, tanto en sus sueños como en la vida real, más podrá guiarlos de las maneras que funcionen para usted. Por ahora, simplemente estará notando los sentimientos que surgen y haciendo un registro para su posterior consideración.

Día de Oportunidad Del Sueño.

En algún momento mientras está considerando esta Oportunidad Del Sueño, tome un Día de Oportunidad Del Sueño. Invente un ejercicio que crea que lo ayudaría a tener los sueños que desea. Anteriormente, usted siguió los ejercicios de la Sueñosofía. En este día, sea creativo e invente el suyo. Puede ser cualquier cosa. El tipo de ejercicio es menos importante que el hacerlo, porque es el realizarlo lo que realmente le ayudara a prestar atención a sus sueños.

¡SIENTASE BIEN EN SUS SUEÑOS! NIVEL 2

Después de invertir aproximadamente una semana en el Nivel 1, recordar sus sueños y darse cuenta de los diferentes sentimientos que tiene en sus sueños, y una vez que se sienta cómodo con estos procesos, puede beneficiarse al pasar al Nivel 2. Al igual que cuando exploró libertad en sus sueños, pasará de notar en el nivel 1 a ser más activo e identificar en el nivel 2.

COMO SENTIRSE ¡BIEN! NIVEL DOS

TITULO DEL SUEÑO:
FECHA:
UBICACIÓN:
HISTORIA DEL SUEÑO:

Ejercicio 1

Durante este nivel, se le invita a ampliar su conocimiento de sus sueños evaluando lo que está sucediendo y luego haciendo una gráfica con sus niveles de sentimientos. Puede comenzar por identificar sus sueños y que tan intensos son sus sentimientos sobre de ellos. A continuación, puede hacer una gráfica sobre los sentimientos que tiene basándose en cada sueño. Todos los días durante una semana o dos, recuerde sus sueños y luego dé cada sueño asigne un número entre 1 y 5, basado en la siguiente escala.

Generalmente, considerando todos sus sueños, ¿Qué tan intensamente siente en sus sueños?

1. SIN SENTIMIENTO: Sus sueños son sobre cosas o eventos que permanecen neutrales.
2. LEVE: Sus sueños contienen algo de sentimiento, pero la sensación es vaga y de fondo.
3. MODERADO: Sus sueños contienen una sensación que no es vaga; pero la sensación no domina ni influye mucho en su sueño.
4. FUERTE: Sus sueños contienen una sensación definida, más de lo que normalmente es evidente en tu vida despierta; pero la sensación no es central en el sueño.
5. INTENSO: El sentimiento anula todo lo demás en el sueño. Usted es consciente de lo que está sintiendo y permite que ocurra completamente.

Next to your notes about this dream, write the number that corresponds to your level of feeling in your dream life generally. GENERAL FEELING: 1, 2, 3, 4, or 5.

Also next to your notes about this dream, write the number that corresponds to your level of feeling in this dream. RECENT DREAM FEELING: 1, 2, 3, 4, or 5.

As you move through Level 2, you can invest some time looking at the different levels of feelings that you have when you are going about your normal day. Are you happy with the level of feelings that you are having in your life? What about the levels of feelings that you've had in the different phases of your life up to now? Are you able to see that they go up and down based on your age and the events that happened at each life phase? You may notice that your levels of feelings go up and down in life, as they do in your dreams. At this level, you have the opportunity to explore increasing the level of feelings, especially good feelings, in your dreams, so that you can enjoy your dreams much more.

Preguntas pasadas:

1. Usando la escala de 1 a 5 mencionada anteriormente, en una nueva hoja, página o pantalla, escriba el número de su actividad despierta que mejor indique la intensidad de la sensación que tuvo durante los siguientes períodos de su vida:

1 - 5 años de edad
6 - 12 años de edad
13 - 16 años de edad
17 - 21 años de edad
22 - 25 años de edad
26 - 35 años de edad
36 - 45 años de edad
46 - 55 años de edad
56 - 65 años de edad
66 - 75 años de edad
76 años en adelante

2. Ahora dibuje líneas y números verticales y horizontales para crear esta gráfica de sus sentimientos para cada período de su vida. Coloque un punto sobre cada edad, luego conecte los puntos.

5

4

3

2

1
_____
Edad   1   6   13   17   22   26   36   46   56   66   76

Su grafica será algo parecida a esta:

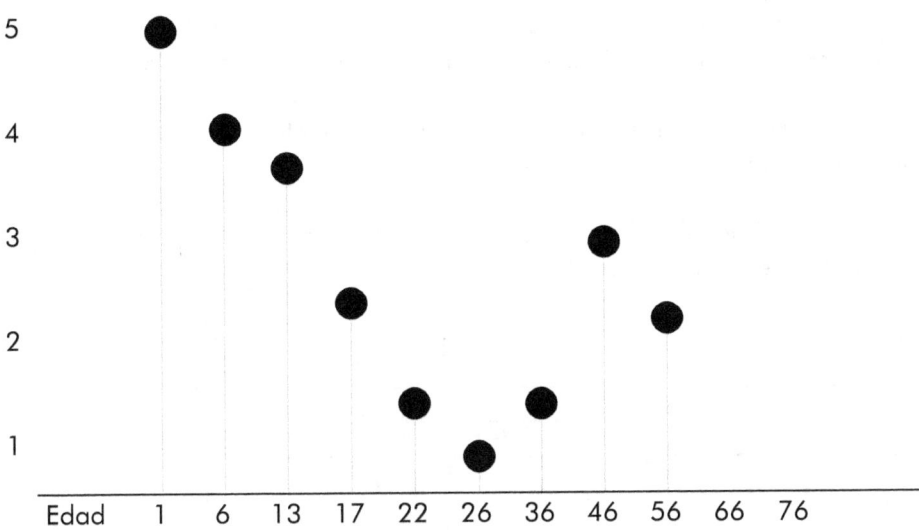

Su grafica terminada puede parecer algo a esta una vez que haya conectado los puntos:

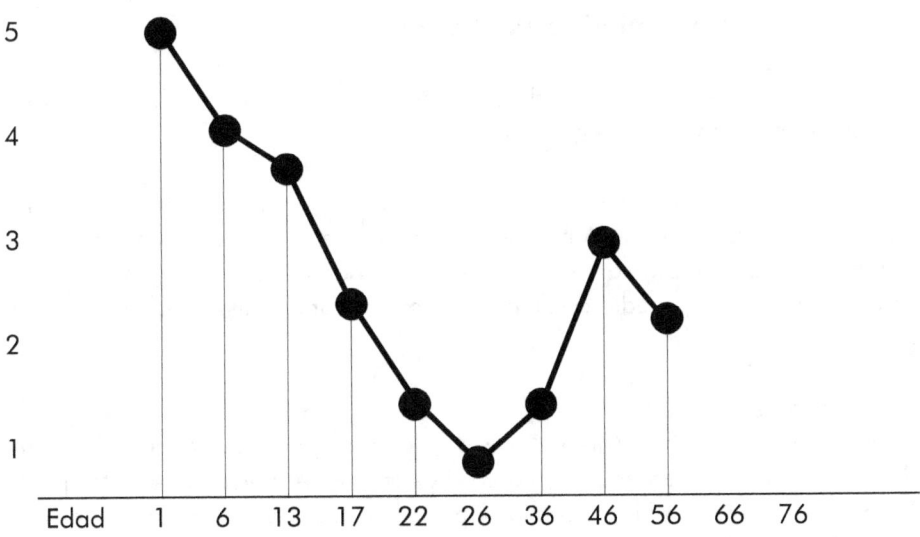

- Ahora mire la gráfica.
- Note si sus sentimientos han cambiado con los años.
- Piense sobre que le ha pasado a usted, como usted ha cambiado.

3. Piense en cómo sus padres, sus amigos y su entorno pueden haber determinado su capacidad de experimentar sentimientos en su vida.

4. ¿Está satisfecho con el nivel de intensidad de sentimientos que usted tiene al estar despierto?

5. Haga una lista de qué tipo de sentimientos eran permitidos mientras crecía, y que tipo eran mal vistos.

PERMITIDOS:
a._____
b._____
c._____

MAL VISTOS:
a._____
b._____
c._____

Pregunta de Oportunidad Del Sueño

¿Hay momentos en los que usted no se permite sentirse bien? ¿Qué pasaría si se sintiera tan bien como le gustaría?

Ya sea que lo sepa o no, se le ha pedido que piense en cosas que la mayoría de la gente trata de evitar. A menudo las personas se culpan por ser de cierta manera, sin darse cuenta de que fueron forzadas a ser así a medida que crecían. Ahora si solo pudieran entender sus Oportunidades del Sueño, podrían cambiar.

Esto puede resultar difícil de manejar para algunas personas. Usted puede sentirse mal por no ser feliz en su vida actual o porque no tiene el control de sus sentimientos en este momento. Puede que le hayan enseñado que el propósito en la vida es ir a trabajar y pagar las facturas. Estas actividades no necesariamente le hacen tener sentimientos fuertes. Pero, con algo de práctica, es posible que pueda cambiar esto y aprender a tener mejores sentimientos en su vida de despierta y en sus sueños.

Ejercicios Extra

Estos ejercicios extra pueden ayudarle a identificar algunos de sus sentimientos en sus sueños, así como en su vida despierta.

Pasado: En cualquiera de sus sueños, identifique y enumere los distintas maneras en las que se sintió, actuó y pensó de la misma manera de cuando era niño.

Presente: Trate de identificar en su sueño más reciente una forma única de hablar, sentir, actuar o comprender que sea completamente suya de la manera que es ahora. Trate de identificar en su sueño más reciente una forma única de hablar, sentir, actuar o comprender que sea completamente suya de la manera que es ahora.

Futuro: Considere cómo pudo haber cambiado o completado su sueño más reciente:

- ¿Cómo podría haber cambiado las acciones que uso en el sueño?
- ¿Cómo podría haber cambiado su nivel de sentimientos?
- ¿Cómo podría haber cambiado lo que dijo?
- ¿Cómo podría haber cambiado su nivel de comprensión?
- ¿Cómo podría haber cambiado el nivel de contacto que tenía con otras personas en el sueño?

Estos tres ejercicios están destinados a enfocarle en los diferentes sentimientos que están sucediendo en sus sueños, así como en los sentimientos que tienes en tu vida despierta. Cuando observa sus sentimientos, puedes ser más consciente de ellos, y con el tiempo, incluso podrá controlar estas emociones. ¿Qué tan maravilloso será tener buenos sueños?, sueños que le hagan sentir feliz, en lugar de sentirse indiferente, enojado o incluso asustado durante tus sueños.

Recuerde, en este nivel solo identificara las diferentes emociones y sentimientos que aparecen en sus sueños. No está buscando hacer ningún cambio en este punto. Se trata de identificar y reconocer estas emociones y comprender cómo se relacionan con tu vida despierta.

¡SIENTASE BIEN EN SUS SUEÑOS! NIVEL 3

En este nivel final, pasará de identificar sus sentimientos a transformarlos. Durante los dos primeros niveles, los ejercicios se configuraron para ayudarlo a aprender y explorar en preparación para el Nivel 3. Durante este nivel, aprenderá cómo transformar sus sueños al transformar sus oportunidades.

COMO SENTIRSE ¡BIEN! NIVEL TRES

TITULO DEL SUEÑO:
FECHA:
UBICACIÓN:
HISTORIA DEL SUEÑO:

Ahora que ha invertido un tiempo reconociendo los sentimientos que tiene en sus sueños, usted podrá explorar cambiando la forma en que se siente en su vida despierta y en la vida de sus sueños. En este punto, ha invertido algo de tiempo explorando los diferentes sentimientos que tiene en tus sueños, a través de los ejercicios y las oportunidades de los dos primeros niveles. Ahora, se le invitará a explorar cómo sentirse bien en sus sueños. Las preguntas que puedes hacerte después de sus sueños esta semana incluyen:

1. ¿Está satisfecho con la forma en que se sientes en este sueño?
2. ¿Qué tendría que pasar en el sueño para que pudiera estar totalmente satisfecho con la forma en la que se sientes en el sueño?
3. ¿Cuál es su sentimiento principal en este sueño?
4. ¿Cómo continúa evitando sentirse tan bien como le gustaría?
5. ¿Qué tendría que hacer o qué debería cambiar para que se sienta completamente bien?
6. ¿La forma en que se siente en este sueño funciona para usted o en su contra?
7. ¿Cómo tendría que cambiar la forma en la que siente para poder fluir en un nivel completamente nuevo?
8. Califique la INTENSIDAD con la cual siente sus sentimientos, usando la escala 1 - 5 mencionada en el Nivel 2:

Generalmente, considerando todos tus sueños, ¿cuán intensamente te sientes en tus sueños?

1. SIN SENTIMIENTO: Sus sueños son sobre cosas o eventos que permanecen neutrales.
2. LEVE: Sus sueños contienen algo de sentimiento, pero la sensación es vaga y de fondo.
3. MODERADO: Sus sueños contienen una sensación que no es vaga; pero la sensación no domina ni influye mucho en su sueño.
4. FUERTE: Sus sueños contienen una sensación definida, más de lo que normalmente es evidente en tu vida despierta; pero la sensación no es central en el sueño.
5. INTENSO: El sentimiento anula todo lo demás en el sueño. Usted es consciente de lo que está sintiendo y permite que ocurra completamente.

What would it be like if you took your level of feeling one level higher?
What would it be like if you took your level of feeling one level lower?

9. ¿Qué cosas buenas podrían pasar si comenzara a tener más sentimientos en su vida?

Encontrando su Palabra de Sentimientos En El Sueño

Escriba las diez palabras principales que podrías usar para describir lo que está sucediendo en su sueño.

1. _____
2. _____
3. _____
4. _____
5. _____
6. _____
7. _____
8. _____
9. _____
10. _____

Encierre en un círculo cinco de las palabras de su lista de diez.

De las cinco palabras circuladas, escriba tres en una nueva página.

1. _____
2. _____
3. _____

De las tres palabras, circule dos.

De las dos palabras en un círculo, escriba una en una página en blanco, una sola. Esa sola palabra es su Palabra De Sentimiento Del Sueño. Recuerde su Palabra De Sentimiento Del Sueño durante lo largo del día.

PALABRA DE SENTIMIENTO DEL SUEÑO

Sugerencia al despertar

1. Intente cambiar su nivel de sentimiento hoy. Mientras nota lo fuerte que siente, disminuya un poco y luego aumente. Intente esto todo el día, disminuya un poco y luego aumente. NOTA: No intente cambiar lo que siente, solamente lo INTENSO de lo que lo siente. Sea respetuoso y responsable en todas sus acciones en la vida despierta. No se haga daño a sí mismo ni a los demás de ninguna manera.
2. Antes de continuar, ¿Realmente intento algunas de esas cosas nuevas? Si no, al menos note e identifique cómo fue que se detuvo a si mismo:
¿Se confundió?
¿Fue menos activo?
¿Has restringido su capacidad de sentirse bien?
¿Ha hablado menos?
¿Se alejó del contacto?

Recuerde que durante esta fase, no se trata de cambiar lo que está sintiendo, solo la intensidad de los sentimientos. Por supuesto, sea responsable y respetuoso con todas sus acciones durante su vida despierta Si cambiar sus sentimientos en un momento determinado la causar algún daño a usted o a otra persona, no lo intente en absoluto. Cuando usted practique con influir sus sentimientos en la vida despierta, esa influencia también puede aparecer en la vida de sus sueños.

Podrá encontrar que cada día sus emociones serán un poco diferentes. Algunos días puede sentirse cansado, mientras que otros puede que se sienta lleno de energía. Puede haber días en que esté triste o enojado, y otros días en los que pueda sentirse feliz. Este no es el momento de cambiar los sentimientos que tiene. En este momento, solo estará tomando un tiempo para explorar la intensidad de sus sentimientos, sin importar cuáles sean. Si se siente feliz, tome la emoción y piense cómo sería subir y bajar la intensidad.

Este ejercicio le brinda la oportunidad de cambiar y controlar sus emociones. Puede que esté acostumbrado a solo experimentar sus emociones, sin tener la oportunidad de realmente decidir cómo se sentirá. Durante este tiempo, puede notar que algunas de sus emociones no tienen mucho sentido o que usted está reaccionando de una manera exagerada ante algunas de las situaciones que ocurren durante su vida. Al principio, solo concéntrese en tomar esas emociones y moverlas hacia arriba y hacia abajo en intensidad.

Con el tiempo, puedes hacer algunos cambios en el cómo le afectan sus emociones e incluso en cómo reacciona ante diferentes situaciones, pero primero, puede ser útil obtener cierto control sobre la intensidad que tienen sus emociones. Puede encontrar que esta transición le ocurre naturalmente a usted, o que puede hacerlo sin siquiera darse cuenta. Mantenga un ritmo tranquilo y concéntrese en cambiar la intensidad de sus emociones antes de explorar cualquier otra cosa.

Con algo de práctica, es posible que pueda tomar el control que ha cultivado en su vida despierta y llevarlo a sus sueños. ¡Piensa en lo agradable que se sentirá ser capaz de ser feliz tanto en su vida despierta como en su vida de los sueños!

Mantener los cambios.

Si ha realizado los ejercicios en los niveles 1, 2 y 3, sus sueños probablemente ya hayan empezado a cambiar. Aquí hay una serie de preguntas que puede usar para mantener los cambios:

1. ¿Le gustaron los sentimientos que experimento en este sueño?
2. ¿Qué está tratando de decirle el sueño sobre su vida despierta?
3. ¿Qué está tratando de decirle el sueño sobre tu futuro?
4. ¿Qué le pareció la forma en que se sintió en este sueño?
5. ¿Cómo puede cambiar su oportunidad para que las circunstancias presentes y futuras en la historia funcionen para usted?

Si no está satisfecho con cómo se siente en sus sueños, repita los ejercicios en el Nivel 3 en un día diferente, con un sueño diferente. Si aún no está satisfecho, repítalo de nuevo un día más. También puede volver a los ejercicios en los niveles 1 y 2 para obtener una mayor percepción y sensibilidad. Siga repitiendo hasta que sus sueños le proporcionen una visión y una guía adicionales.

Hacer esto de vez en cuando puede ayudar a mantener el trabajo que ha realizado durante estos tres niveles. Si, en cualquier momento, no está satisfecho con los resultados que obtiene, vuelva a intentarlo en un día diferente con un nuevo sueño. Todos tienen un ritmo diferente, y es posible que se beneficie al pasar por estos niveles varias veces para sentirse cómodos con ellos. Trate de no frustrarse. Mientras usted explora estos simples pasos, Puede continuar obteniendo los beneficios de influenciar sus sentimientos ¡En sus sueños!

EN RESUMEN

Aprender a sentirse bien en sus sueños puede ayudarle a disfrutar de sus sueños más que nunca. Muchas veces cuando sueña, usted solo es un simple espectador pasivo. Los sentimientos que tiene en sus sueños a menudo pueden ser enojo, tristeza u otros sentimientos desagradables que no son muy divertidos. Aprender a sentirse bien en sus sueños puede tomar tiempo y atención, pero también puede ser muy gratificante tanto para la vida de sus sueños como para la de su vida despierta.

En la primera sección, se le invito a enfocarse en solo notar los sentimientos que ha experimentado en sus sueños. Si solo ha sido un espectador inocente hasta ahora en sus sueños, esta sección le ofreció la oportunidad de ser un poco más activo y notar qué sentimientos experimenta en sus sueños. No importa cuáles sean estos sentimientos en este momento, simplemente observe con cuáles está tratando. A menudo, la sensación que uno puede notar primero es la indiferencia, lo cual está bien. No hay sentimientos correctos o incorrectos para tener en sus sueños. Solo tome nota de los sentimientos que experimenta.

Una vez que haya comenzado a notar qué tipo de sentimientos que usted experimenta en sus sueños, puede comenzar a hacer algunas identificaciones. Puede considerar su vida despierta diaria y ver qué tipo de sentimientos tiene a medida que avanza durante el día. A menudo estos sentimientos serán bastante similares a lo que experimenta en sus sueños. Tal vez no se ha dado cuenta de que tenía estos sentimientos, pero esa es una de las mejores cosas de este enfoque de la Sueñosofía: Esto le da la oportunidad de ver su vida de una manera completamente nueva.

En el tercer nivel, se le invito a hacer algunos cambios en su vida despierta. Se le invito a influir sobre sus sentimientos, decidir de qué manera prefiere que sean, ya sea feliz o triste, así como que grado de intensidad tienen algunos de estos sentimientos. Esto sencillos cambios pueden ayudarle a sentirse mejor en su vida despierta, y esto también puede traducirse en la vida de sus sueños. Puede llevar algo de tiempo practicar influyendo sobre esos sentimientos, especialmente si los ha estado conteniendo por mucho tiempo, pero con paciencia y práctica, tiene la oportunidad de disfrutar su vida y sus sueños más que nunca.

Estos tres niveles pueden tomar algo de tiempo para dominar, y eso está bien. Una vez que se sienta cómodo con lo que ha hecho, puede beneficiarse de los pasos dados para ayudarlo a mantener lo que ha logrado. Puede ser

fácil volver a caer en algunos de los hábitos de distracción y los sentimientos poco deseables que experimentaba antes. Si desea mantener esos nuevos sentimientos en su vida despierta y en la vida de sus sueños, mantenga su enfoque. Vuela y revise algunos de los niveles anteriores y utilice los consejos proporcionados para que se apoye y que esto le resulte más fácil a usted.

Una vez que sea capaz de sentirse bien en sus sueños, esto también puede significar que ha logrado cambiar la manera en la que se siente en su vida despierta. Recuerde que la vida de sus sueños incluye fragmentos de lo que sucede en tu vida despierta, que a menudo también aparecen en la vida de sus sueños, así que cuando cambia uno, cambia el otro. Una vez que sea capaz de influir sobre los sentimientos que experimenta en su vida despierta, y es capaz de influir sobre sus sentimientos de maneras que le satisfacen, puedes disfrutar más de la vida; y a su vez, puedes disfrutar más de sus sueños también.

Es posible influir sobre sus sentimientos, incluso en sus sueños, a través del aprendizaje para influir sobre estos sentimientos al estar despierto también. Al seguir los tres niveles presentados en este capítulo, puede dejar de lado los sentimientos de tristeza o indiferencia u otros sentimientos poco deseables y reemplazarlos con algunos de los sentimientos preferidos que ha estado buscando.

NOTAS:

NOTAS:

NOTAS:

4: COMO HABLAR FUERTE EN SUS SUEÑOS

El Capítulo 4 presenta la Oportunidad Del sueño: Cómo Hablar Fuerte en Sus Sueños. A menudo puede descubrir que solo es un espectador en sus sueños. En muchos casos, no tiene mucho impacto porque está allí para mirar. A veces, como el soñador, estará mirando el sueño como si lo estuviera mirando en la pantalla de cine. Usted no participa en el sueño en absoluto, y cualquier acción que tome en el sueño puede que no tenga absolutamente ningún efecto sobre cómo resulta el sueño.

Otra forma en que puede experimentar el sueño es como alguien que está en el sueño: puede participar, pero con muy poca actividad. Aunque esté realizando acciones, estas no influyen de ninguna manera sustancial en el sueño. A menudo, hay alguien más que está generando la acción en el sueño. De hecho, es poco probable que incluso hable durante estos sueños. Cualquier palabra que diga durante el sueño no tiene consecuencias y básicamente no tiene sentido.

Si esta es la forma en la que usted sueña, puede pensar que esto es normal. Es posible que no entienda el poderoso impacto que puede tener en sus sueños, y mucho menos que haya una oportunidad para que hable con fuerza y cambie lo que sucede en el sueño. Algunos de los que entienden el poder que tienen sobre sus sueños todavía pueden tener dificultades para hablar con fuerza durante los sueños.

Por alguna razón, hablar en los sueños puede ser difícil de dominar para mucha gente. Quizás esto se deba a que tienen dificultades para hablar en sus vidas diarias. Recuerde que hay muchas conexiones entre su vida despierta y la vida de sus sueños, así que cuando tenga problemas en sus sueños para hablar e influenciar, puede ser porque está luchando con los mismos problemas en su vida despierta. Cuando hace algunos cambios en su vida despierta, es más fácil para usted hablar en sus sueños y en su vida despierta.

Cuando esta guía se refiera a hablar fuerte, básicamente significa hacer ruido en sus sueños, literal o figurativamente. No es suficiente simplemente sentarse y dejar que las cosas sucedan en sus sueños sin ningún ruido. En esta Oportunidad: Cómo Hablar Fuerte, se le invitará a aprender cómo hacer un poco de ruido y cómo expresarse en sus sueños, ¡porque esto puede ser muy poderoso!

¡HABLE FUERTE EN SUS SUEÑOS! NIVEL UNO

En este primer nivel, se le invitará a comenzar a notar algunos de los sonidos que están en sus sueños. Cuando se vuelve pasivo en sus sueños y simplemente deja que sucedan, se pierde de mucho usted. En cambio, intente notar los diferentes ruidos que ocurren a su alrededor. A menudo, estos ruidos son relegados a la parte posterior de la mente porque no parecen tan importantes. Cuando piense en el sueño la mañana siguiente, es poco probable que piense en los ruidos que sucedieron o lo que se dijo durante el sueño; es más probable que se encuentre enfocándose en las imágenes y las personas en sus sueños.

Para comenzar, considere uno de sus sueños recientes. Considérelo sin las imágenes, imágenes o personas que pudieron haber estado involucradas. En cambio, piense en las expresiones que estaban en sus sueños. Cuando sea capaz de quitar algunas de las imágenes, podrá notar que sus sueños tienen muchos sonidos fuertes. Un sonido importante que puede perderse es su propia voz. Tal vez no haga ningún ruido en su sueño. Puede sentarse y simplemente mirar el sueño, sin usar su propia voz, sin expresarse, o tal vez apenas hablando.

Cuando esta guía se refiere al ruido, se refiere a cómo hace ruido como soñador, y también a los otros ruidos que ocurren durante el sueño. Estos otros ruidos pueden tener tanta importancia como el ruido que esté haciendo, por lo que puede ser útil prestarles atención. ¿Cuáles son algunos de los diferentes ruidos que escucha? ¿Qué le están diciendo otras personas? ¿Qué ruido de fondo hay en las actividades del sueño? Piense en lo que otros le dicen en el sueño y qué otros ruidos le rodean. Esta es su oportunidad de comenzar a identificar sus sueños por sonidos, ruidos u otras formas de expresión, en lugar de solo por las imágenes que ve.

En este nivel, es suficiente con notar el ruido que está en su sueño. Esto puede ser difícil de hacer. Hay mucho ruido en todos sus sueños, pero como no se está enfocando en estos ruidos, es posible que se los esté perdiendo. Guiarse a sí mismo para escuchar los sonidos de su sueño y reconocer lo que son puede marcar una gran diferencia en sus sueños, e incluso puede ayudarlo a hablar más en su vida despierta. Aprenderá más sobre esto más adelante.

Por ahora, solo note los diferentes ruidos que hay en sus sueños. Puede haber ruidos fuertes y suaves, hermosos y disonantes, pueden provenir de muchas fuentes. Puede haber una gran cantidad de comunicación y expresión entre los diferentes actores en sus sueños. Cuando usted note estos ruidos, es posible que también desee observar las otras formas en las que usted se comunica en los sueños, como a través de la jardinería, el arte, el baile, los letreros y los alimentos. Al notar tanto los ruidos que hace como las otras formas en que se comunica, sus oportunidades para hablar fuerte pueden aumentar.

COMO HABLAR ¡FUERTE! NIVEL UNO

TITULO DEL SUEÑO:
FECHA:
UBICACIÓN:
HISTORIA DEL SUEÑO:

Para comenzar, es importante recordar al menos uno de sus sueños. Intente hacer esto durante aproximadamente una semana con un nuevo sueño recordado cada día, inventando un sueño en cualquiera de los días en que no pueda recordar uno. Recuerde, tener un buen recuerdo del sueño puede ser más fácil si lo anota. Una vez que esté listo, responda las siguientes preguntas para su sueño:

1. ¿Cuánto habla, hace ruido o se expresa en este sueño?

2. ¿Cuál es su forma principal de hacer ruido o expresarse?

3. ¿Su habla y comunicación son la expresión principal en el sueño? ¿O algo o alguien más es más importante?

4. Haga una lista de todas las formas diferentes de hacer ruido o expresarse en este sueño, el más importante primero:

a) _____
b) _____
c) _____
d) _____

Estas preguntas pueden proporcionarle una gran idea de cómo se expresa en sus sueños. Al principio, su voz y sus expresiones pueden ser limitadas. Es probable que alguien más tome las riendas y esté a cargo de cómo va la conversación o qué acciones suceden en el sueño. La aspiración en este nivel es simplemente notar lo que está sucediendo con respecto a cómo y si usted habla en sus sueños.

Al principio, podrá notar que sus expresiones en los sueños son limitadas. Es posible que no tenga mucho que decir en este momento; y puede simplemente sentarse y ver el sueño desplegarse ante usted, en lugar de ser un participante activo. Simplemente traer a su atención algunas cosas de sus sueños, como el nivel de actividad y expresión, pueden ayudarlo a cambiar el enfoque de su mente. Puede notar que no está tan contento con la expresión que está dando en sus sueños, y con solo esto puede ayudar a estimular los sueños para que funcionen de la manera que le gustaría.

Preguntas al despertar

Ahora que ha tenido tiempo para notar sus expresiones en sus sueños, puede hacer uso de este conocimiento.
Es probable que haya conexiones entre cómo aborda la autoexpresión en sus sueños y cómo experimenta la autoexpresión en su vida despierta. Con solo notar esto puede comenzar a formar esta conexión, esto puede ayudarle a hacer algunos cambios tanto en su vida despierta como en la de sus sueños.

Se le alienta a que haga y se concentre en las siguientes preguntas cuando esté despierto, para ayudarlo a establecer algunas de las conexiones que necesita en este momento:

1. ¿Es este el mismo estilo de hablar y expresión que usa al despertar?

2. ¿Le gusta cómo está hablando o expresándose en este sueño? ¿Y al despertar?

3. ¿Qué pensaría de sí mismo si otras personas lo miraran hablar o expresarse de la misma manera al despertar que en este sueño?

4. ¿Hay más cosas que quisiera decir o comunicar en el sueño, pero se contiene por diferentes razones? ¿Y al despertar? Póngalas en una lista:

a) _____
b) _____
c) _____
d) _____

Estas preguntas pueden obligarlo a pensar más profundamente sobre algunas de las formas en que se comunica y se expresa en sus sueños. Puede encontrar que tiende a ignorar los problemas de comunicación y simplemente observa cómo la vida pasa. Puede sentirse tímido y no saber qué decir en una situación, o puede que no desee alterar el status quo en su familia o en el trabajo. Puede sentir que no hablar es seguro, incluso cuando esto podría estar reteniéndolo de alcanzar todo su potencial. Cuando no puede hablar, comunicarse o expresarse ante los demás, puede perderse de importantes relaciones que pueden ayudarlo a sentirse bien y experimentar una verdadera conexión.

Puede tomar algún tiempo realizar estos cambios. Es probable que haya desarrollado un estilo propio de comunicación durante un largo período de tiempo, y esa puede ser la única forma en que sabe cómo expresarse. Aprender a detectar algunos de estos problemas de comunicación puede ayudarlo a realizar cambios más adelante.

Pregunta de Oportunidad Del Sueño

Existe una pregunta más que puede hacerse a sí mismo, para ayudarlo a aprovechar al máximo esta Oportunidad Del Sueño:

¿Cree usted que puede hablar o expresarse más de lo que lo hace en este sueño?

Esta es una pregunta profunda que lo invita a profundizar en sus sueños. Si cree que puede usar una mayor expresión o hablar más en sus sueños, entonces puede considerar cómo puede lograr esto. En el pasado, es posible que se haya comportado de cierta manera en el sueño y nunca lo haya cuestionado, porque ya estaba acostumbrado. Ahora que ha practicado con los ejercicios de esta sección, puede darse cuenta de que hay mucho más que puede hacer con sus sueños y mucha más expresión en la que puede involucrarse.

Día de Oportunidad Del Sueño

En algún momento cercano, tome un Día de Oportunidad del Sueño. Invente un ejercicio que crea que lo ayudará a tener los sueños que desea. Anteriormente, usted siguió los ejercicios de la Sueñosofía. En este día, sea creativo e invente el suyo. Puede ser cualquier cosa. El tipo de ejercicio es menos importante que el hecho de realizarlo, porque es el hacer lo que realmente le ayudará a prestar atención a sus sueños.

No es necesario simplemente sentarse y ser un observador en los sueños que tenga. El ser completamente pasivo a menudo no es ideal porque le permite ser controlado por otros. Existen muchas ocasiones en las que uno no tiene control sobre las cosas que suceden en la vida, pero sus sueños no necesitan ser una de esas ocasiones. Al notar los sueños y sus expresiones dentro de los sueños, puede comenzar a sentirse insatisfecho con algunas de las respuestas que está dando. Este capítulo puede ayudarlo a realizar cambios que aumenten su poder y satisfacción.

Durante el primer nivel de este capítulo, ha comenzado por mirar sus sueños de una nueva manera. En este punto, puede ser útil enseñar a otra persona lo que acaba de aprender. Esto puede reforzar lo que está aprendiendo y puede traer nuevos conocimientos que pueden ayudarle a concentrarse más en lo que está haciendo. También puede hacer que sea más fácil para usted comenzar a hablar en sus sueños.

Durante esta primera semana más o menos, no tiene que hacer mucho. No se trata de entender sus sueños o incluso tratar de interpretarlos o hacerlos significativos. En este momento, se le está invitando a que note las diferentes formas en que se expresa en sus sueños, en lugar de tratar de cambiarlas.

Cuanto más tiempo le dedique a explorar y practicar dentro de este nivel, más profunda y completa será su experiencia. Esto no significa que deba pasar meses trabajando en este proceso, pero puede ser útil invertir un poco más de tiempo que uno o dos días. Experimente con los sueños e invierta la cantidad de tiempo con la que se sienta cómodo para comprender completamente qué tipo de expresiones ocurren en sus sueños.

Antes de pasar al siguiente nivel, eche un vistazo atrás y repase todo lo que ha aprendido en esta primera sección. La oportunidad de hablar en sus sueños es importante, ¡pero puede ser igualmente importante en su vida despierta! Es importante notar cuánto ruido hace en sus sueños, si hace un poco o mucho, y también note algunas de las diferentes formas en que se expresa en sus sueños. Estas en ocasiones están conectadas a lo que dice y a cómo se expresa cuando está despierto. Tómese su tiempo para pensar cómo esta oportunidad, la Oportunidad Del Sueño para hablar, está involucrada en todos los aspectos de su vida.

¡HABLE FUERTE EN SUS SUEÑOS! NIVEL DOS

Ahora que ha invertido algo de tiempo notando su expresión personal en sus sueños, puede comenzar a notar algunos patrones. Puede notar que no habla y no se expresa en sus sueños. Puede ser que usted sea alguien que está allí, esperando que alguien más le diga qué hacer en las diferentes etapas de su sueño. Esto puede estar relacionado con la manera en que se comunica y se expresa en la vida real. Por otro lado, puede notar que tiene una cantidad increíble de influencia sobre lo que está sucediendo en sus sueños. Puede notar que tiene muchas cosas que decir en sus sueños y que se expresa de muchas maneras diferentes. La mayoría de la gente se encuentra en algún lugar entre estos dos extremos.

Durante el primer nivel, invirtió tiempo y atención al darse cuenta de cómo habla en sus sueños. Al hacerlo, es posible que haya establecido algunas conexiones entre cómo se comunica en la vida de sus sueños y en su vida despierta. Es posible que haya notado algunos cambios que ocurrieron en su nivel de comunicación de los sueños a medida que pasó el tiempo.

Ahora, puede pasar al segundo nivel. En el segundo nivel, usted tendrá la oportunidad de pasar de simplemente notar qué comunicación sucede en sus sueños a identificar activamente esa comunicación, ampliando su conocimiento un poco más. Es posible que desee invertir algo de tiempo para calificar sus sueños y comparar la cantidad de comunicación que tiene en sus sueños con la cantidad que tiene cuando esté despierto. Miremos lo que puede hacer para completar el Nivel 2 de hablar en sus sueños.

COMO HABLAR ¡FUERTE! NIVEL DOS

TITULO DEL SUEÑO:
FECHA:
UBICACIÓN:
HISTORIA DEL SUEÑO:

Comience por identificar su expresividad. Recuerde que cuando busca la expresividad en el sueño, está prestando atención a la cantidad de ruido y expresión que hace. Esto puede incluir las cosas que dice, la forma en que usted interactúa con otras personas y las acciones que lleva a cabo en el sueño. Aquí, puede usar una GRÁFICA para calificar cuánto habla o se expresa en sus sueños. Recuerde, estamos refiriéndonos al hacer ruido o el comunicarnos de cualquier manera. Use esta escala para evaluar cuánto habla o se expresa.

Generalmente, tomando todos sus sueños en consideración, ¿Cuánto habla o se expresa en sus sueños?

1. NADA EN ABSOLUTO: Ninguna expresión externa de ninguno de sus pensamientos o sentimientos en el sueño.
2. LEVE: Algunas expresiones, pero es una característica menor del sueño.
3. MODERADA: expresión definida, pero no efectiva.
4. FUERTE: Sus palabras, ruidos y otras formas de expresión tienen preferencia sobre todas sus otras actividades, pero no son centrales para el sueño.
5. INTENSA: Expresión prolongada y completa de sus pensamientos y sentimientos. Sus palabras, sonidos y otras expresiones son un aspecto central del sueño, incluso frente a obstáculos.

Junto a sus notas sobre este sueño, escriba el número que corresponda a su nivel general de cuánto habla o se expresa en la vida de sus sueños en general. EXPRESIÓN GENERAL: 1, 2, 3, 4 o 5.

También a un lado de sus notas sobre este sueño, escriba el número que corresponda a cuánto habla o se expresa en este sueño. EXPRESIÓN DE SUEÑO RECIENTE: 1, 2, 3, 4 o 5.

Mientras toma notas sobre el sueño que desea usar, anote el número anterior que corresponde a su nivel general de cuánto habla o se expresa en el sueño. No hay respuestas correctas o incorrectas en esta parte, así que no se sienta mal si sus sueños suman más o menos de lo que cree que deberían. Esto no significa que algo esté mal en la forma en la que esté soñando; simplemente le muestra lo que tal vez quiera explorar más adelante.

PREGUNTAS PASADAS

1. Usando la escala de 1 a 5 mencionada anteriormente, en una nueva hoja o página de papel, escriba el número asignado a su actividad despierta que mejor indique cuánto hablaba durante los siguientes períodos de su vida:

1 - 5 años de edad
6 - 12 años de edad
13 - 16 años de edad
17 - 21 años de edad
22 - 25 años de edad
26 - 35 años de edad
36 - 45 años de edad
46 - 55 años de edad
56 - 65 años de edad
66 - 75 años de edad
76 años en adelante

2. Ahora dibuje líneas y números verticales y horizontales para crear esta gráfica de su nivel de expresividad para cada período de su vida. Coloque un punto sobre cada edad; luego conecte los puntos.

5

4

3

2

1

Edad   1   6   13   17   22   26   36   46   56   66   76

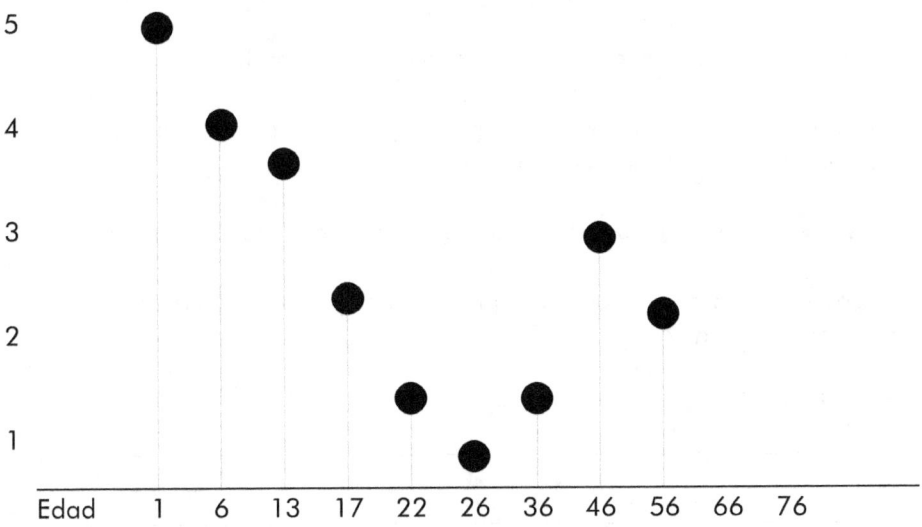

Su gráfica completa puede verse más o menos así después de conectar los puntos:

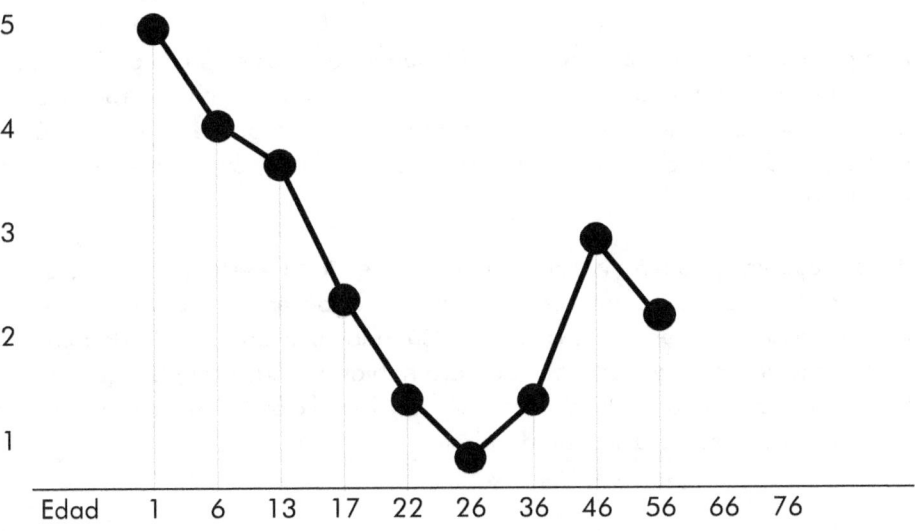

- Ahora mire la gráfica. Imprímala si puede.
- Observe si su disposición y capacidad para hablar ha cambiado a lo largo de los años.
- Piense en lo que le ha pasado y en cómo ha cambiado.

3. Piense en cómo sus padres, sus amigos y su entorno pueden haber determinado su capacidad para hablar en su vida.

4. ¿Está satisfecho con cuánto habla y/o se expresa en su vida despierta?

5. Haga una lista de los tipos de expresiones permitidas a medida que crecía, y qué tipo eran mal vistos.

PERMITIDO:
a._____
b._____
c._____

MAL VISTO:
a._____
b._____
c._____

Ahora, mire la gráfica. ¿Nota que hay algunos cambios en su disposición y su capacidad de hablar con el tiempo a medida que las cosas cambiaron? Piense en lo que le ha pasado, en cómo ha cambiado a lo largo de los años y cómo esto afecta cuánto esto a su disposición a comunicarse y expresarse en su vida despierta.

Estas preguntas pueden ayudarlo a enfocarse en lo que está sucediendo en su vida en términos de comunicación y cómo podrían estar influyendo sobre la comunicación que tiene en sus sueños. Cuando cuestiona su felicidad con su comunicación actual y su capacidad para hablar, es más probable que quiera hacer algunos cambios. Esto puede ser tan beneficioso para la vida de sus sueños como lo es para su vida despierta.

Pregunta de Oportunidad del Sueño

¿Ha notado ocasiones cuando otras personas realmente quieren hablar más, pero se contienen? ¿Qué piensa usted cuando los ve hacer esto?

Ya sea que lo sepa o no, le han pedido que piense en cosas que la mayoría de la gente trata de evitar. A menudo las personas se culpan por ser de cierta manera sin darse cuenta de que fueron forzadas a ser así a medida que crecían y que ahora, si pudieran entender sus Oportunidades de Sueño, podrían cambiar esto.

Muchas personas pueden frustrarse cuando otros quieren hablar, pero se retraen por alguna razón. Si usted conoce a esas personas en su propia vida, es posible que se sienta mal por ellas y desee que puedan encontrar el coraje para hablar. Es posible que desee ofrecer algunos consejos sobre cómo hablar y marcar la diferencia, pero al final, ellos son quienes deberán dar los primeros pasos para ver los resultados.
Si usted es la persona que tiene problemas para hablar, puede ser muy difícil. Tal vez quiera hablar, pero hay algo que le frena por más que lo intente. Otros pueden darle consejos y puede darse cuenta de que realmente puede hacer un esfuerzo y marcar una diferencia con su expresión y comunicación; pero ese conocimiento puede parecer no hacer diferencia alguna.
Para aquellos que no tienden a expresarse en la vida real, se les invitará a preguntar, ¿por qué? ¿Por qué se está conteniendo? ¿Es porque es demasiado tímido para hablar o tiene miedo de cómo le van a ver los demás, si habla sobre las cosas que usted desea? Algunas personas no quieren sacudir el barco, mientras que otros se preocupan por no avergonzarse. Hay tantas razones por las que las personas pueden no querer hablar sobre algo. Muchas razones son válidas; a veces no es apropiado o no es seguro hablar. Entonces, en esos momentos, no hable, cuando esté despierto. ¿Pero es realmente necesario en sus sueños? ¿Qué pasaría si hablara un poco más en sus sueños? Ahora podría ser un buen momento para considerar por qué no está hablando y comunicándose de la manera que podría, en sus sueños. Si tiene razones sólidas para no hablar cuando está despierto, ¿estos mismos motivos realmente aplican cuando está soñando?

Ejercicios Extra

Pasado: En cualquiera de sus sueños, identifique y enumere las distintas maneras en la que sintió, actuó y pensó cuando era niño.

Presente: Trate de identificar en su sueño más reciente la forma única de

hablar, sentir, actuar o comprender que sea completamente suya de la manera que es ahora.

Futuro: Consider how you could have changed or completed your most recent dream:

- ¿Cómo podría haber cambiado cuánto habló usted?
- ¿Cómo podría haber cambiado su nivel de comprensión?
- ¿Cómo podría haber cambiado el nivel de contacto que tenía con otras personas en el sueño?
- ¿Cómo podría haber cambiado las acciones que realizó en el sueño?
- ¿Cómo pudo haber cambiado su nivel de sentimiento?

Puede ser más útil enfocar su energía en la parte futura de estos ejercicios. Esta es la parte donde puede imaginar cómo cambiaría sus sueños y cómo marcaría la diferencia para que su comunicación y expresión estén en un nivel que funcione para usted. ¿Qué necesitaría hacer para hablar en el sueño y realmente ser escuchado? Tal vez incluso sea interesante volver a imaginar el sueño con estos cambios para ver cómo se siente.

Mientras que en el Nivel 1 se enfocó en notar cuánto habla en sus sueños, el Nivel 2 es un poco más interactivo. Se le invita a identificar cuánto habla en el sueño y cómo se relaciona con su vida. ¿Hay conexiones entre los dos, o hay una desconexión? Una vez que observe el cómo sus sueños y su vida despierta van de la mano, puede ser más fácil pasar al Nivel 3 y realizar algunos de los cambios que tanto desea en su vida despierta, así como en la de sus sueños.

¡HABLE FUERTE EN SUS SUEÑOS! NIVEL TRES

Hasta ahora, este capítulo ha discutido cómo notar y cómo identificar las formas en que usted habla en la vida de sus sueños y en su vida despierta. El nivel 3 lleva esto un paso más allá mientras explora la idea de transformarse a sí mismo una vez más. Recuerde que se le invitará durante esta sección a desafiar algunos de sus límites personales. Algunas de las tareas pueden parecerle sencillas para trabajar, mientras que otras pueden ser más desafiantes de lo que usted pueda esperar.

COMO HABLAR ¡FUERTE! NIVEL TRES

TITULO DEL SUEÑO:
FECHA:
UBICACIÓN:
HISTORIA DEL SUEÑO:

En este nivel, se le pedirá que introduzca sus Oportunidades Del Sueño en su vida despierta. Si no está dispuesto a intentar algo nuevo en su tiempo despierto, puede descubrir que todo el progreso que ha visto hasta ahora en esta Oportunidad se detiene por completo. Esta es solo una razón por la cual puede ser importante salir de su zona de confort e intentar algo nuevo.

Por supuesto, aún puede ser gentil consigo mismo. Este proceso no es una carrera para terminar este nivel. Simplemente haga un esfuerzo auténtico y tómese el tiempo que crea que necesita. Solo recuerde que usted es quien tiene el control de sus resultados. Le invitamos a que realice su mejor esfuerzo en este nivel, ya que esto hará que sea más probable que produzca los resultados que desea. Saltarse ciertas partes o apresurarse en las actividades puede interferir con el proceso de desarrollo del proceso de la Sueñosofía. Así que no se apresure. No hay nada de malo en trabajar a su propio ritmo y hacer lo que sea cómodo para usted.

¡Ahora vamos a invitarle a traer esta Oportunidad de Sueño a su vida real! Para comenzar, elija un sueño reciente o invente uno. Responda las siguientes preguntas para cada sueño durante la próxima semana:

1. ¿Está satisfecho con la forma en la que habla en este sueño?
2. ¿Qué debería pasar en este sueño para que pueda estar totalmente satisfecho con la forma en que habla en el sueño?
3. ¿Cuál es su principal forma de expresarse en este sueño?
4. ¿Cómo se restringió usted de hablar tanto como quisiera?
5. ¿Qué tendría que hacer o qué debería cambiar, para que usted exprese plenamente lo que tiene que decir?
6. ¿La forma en que habla en este sueño funciona para usted o en su contra?
7. ¿Cómo tendría que cambiar su forma de hablar para llegar a un nivel completamente nuevo?
8. Califique la forma en que HABLA en este sueño, usando la escala de 1 a 5 del Nivel 2:

Generalmente, tomando todos sus sueños en consideración, ¿cuánto habla o se expresa en sus sueños?

1. NADA EN ABSOLUTO: Ninguna expresión externa de ninguno de sus pensamientos o sentimientos en el sueño.
2. LEVE: Algunas expresiones, pero es una característica menor del sueño.
3. MODERADA: expresión definida, pero no efectiva.

4. **FUERTE:** Sus palabras, ruidos y otras formas de expresión tienen preferencia sobre todas sus otras actividades, pero no son centrales para el sueño.
5. **INTENSA:** Expresión prolongada y completa de sus pensamientos y sentimientos. Sus palabras, sonidos y otras expresiones son un aspecto central del sueño, incluso frente a obstáculos.

¿Cómo sería si llevara su nivel de expresión un nivel más alto?
¿Cómo sería si llevara su nivel de expresión un nivel más bajo?

9. ¿Qué cosas buenas podrían pasar si comenzara a hablar tanto como quisiera en su vida?

Hacer estas preguntas es una buena manera de comenzar a hablar más en sus sueños. Puede ayudarlo a darse cuenta de dónde se encuentra ahora con sus sueños y puede ayudarlo a comenzar a ver las diferentes formas en que podría hablar cuando está con otras personas en sus sueños. Puede resultar más fácil trabajar para lograr cambios una vez que usted alcance este conocimiento.

Puede recordar que, con esta parte de la oportunidad, reunirá todos los sueños que tiene durante un cierto período de tiempo y luego los calificará en esta escala. Puede haber algunos sueños que tengan más actividad y expresión, y luego puede haber algunos sueños donde apenas se exprese. La idea es obtener un buen promedio para ayudarlo a determinar qué pasos dar a continuación.

Tómese su tiempo al considerar lo que sucedería si las cosas cambiaran. Por ejemplo, ¿cómo sería para sus sueños si pudiera incrementar su nivel de hablar uno o dos niveles más? La mayoría de las personas comenzarán en uno de los niveles más bajos, tal vez en dos o tres, entonces, ¿cómo se sentiría si pudiera obtener hasta cuatro? Además, ¿qué sentiría si tomara su nivel de expresión y lo bajara a otro nivel? Es probable que disfrute de cómo se siente pensar en mover las cosas a un nivel superior, pero puede resultarle menos agradable pensar en bajar de nivel. Esta puede ser su motivación para aprender a hablar un poco más en lugar de ser un simple espectador de todo el evento.

Encontrar la Palabra De La Expresividad del Sueño.

Escriba las diez palabras principales que podría usar para describir lo que está sucediendo en este sueño.

1. _____
2. _____
3. _____
4. _____
5. _____
6. _____
7. _____
8. _____
9. _____
10. _____

Encierre en un círculo cinco de las palabras en su lista de diez.

De las cinco palabras circuladas, escriba tres en una nueva página..

1. _____
2. _____
3. _____

De las tres palabras, circule dos.

De las dos palabras en un círculo, escriba una en una página en blanco por sí misma. Esa única palabra es su Palabra De La Expresividad del Sueño. Recuerde su Palabra De La Expresividad del Sueño a lo largo del día.

PALABRA DE LA EXPRESIVIDAD DEL SUEÑO

Sugerencia al Despertar

Considere cambiar su forma de hablar hoy. Cuando note cómo habla, considere lo que sería disminuir un poco y luego aumentar. Intente esto todo el día, imagine lo que sería disminuir un poco y luego aumentar. NOTA: Es posible que en realidad no cambie lo que dice, quizá solo cuánto ruido haga o qué tan intensamente se expresa. Sea respetuoso y responsable en todas sus acciones en la vida despierta. Sea amable. No se haga daño a sí mismo ni a los demás de ninguna manera.

Para el primer día, es posible que desee cambiar la forma en la que habla. Cada vez que vea una oportunidad para hablar, considere tomarla. Cuando note cómo está hablando, intente disminuirlo un poco y luego intente aumentarlo nuevamente. Invierta un poco de tiempo en hacer esto a lo largo del día, disminuyendo la cantidad de palabras que pronuncia en algunas instancias y elevándolas en otras áreas. Asegúrese de no estar tratando de cambiar lo que quiere decir, solo se trata de cuánto ruido está haciendo o qué tan intensamente se está expresando.

Durante este tiempo, está explorando el poder obtener más influencia sobre cuánto se expresa. En ocasiones, puede sentirse relegado hacia un lado y solo habla cuando otros quieren que se comporte de cierta manera. Tiene que decidir cuánto y de qué manera le gustaría expresarse. Esto no significa que deba burlarse de los demás o ser malvado y cruel o decir cosas que lo meterán en problemas. Simplemente significa que pueda encontrar una manera de expresarse y dejar que brille, una forma que es única y propia, sin preocuparse mucho sobre lo que otras personas dicen.

Puede encontrar que tiene problemas con esto. Hablar fuerte puede ser incómodo y poco familiar para mucha gente. No sea imprudente, no haga nada drástico que pueda causarle problemas. Si siente que está haciendo algo mal comportándose de esta manera, no lo haga, en ese caso solo imagine cómo sería. Recuerde, este enfoque es acerca de su vida del SUEÑO. Pero para ver el éxito, podría considerar intentarlo. No tiene por qué ser una gran cosa, pero imaginar cómo sería hablar sobre algunas cosas durante el día puede ayudarle a salir un poco de su zona de confort y comenzar a construir más confianza, en maneras que pueden aparecer en la vida de sus sueños. Si nota que no fue capaz de expresarse más, o que no se siente cómodo haciéndolo, está bien, pero tenga en cuenta ¿qué fue lo que le detuvo? ¿Se sintió menos activo? ¿Se confundió? ¿Usted ha restringido su capacidad de sentirse bien? Puede tomarle unos días para intentar esto, pero finalmente, hablar y expresarse puede ser más natural y puede aprender a hacerlo sin pensar demasiado.

Incluso si recién comienza a imaginar lo que sería hablar más en su vida despierta, esto comenzará a traducirse en la vida de sus sueños también. Podrá expresarse más en sus sueños y puede influenciar la forma en que habla en sus sueños, sin tener que sentarse relegado y esperar que los demás hagan algo que le guste en el sueño. Soñar puede ser mucho más agradable cuando habla fuerte y dirige el espectáculo y disfruta de las diferentes formas en que puede expresarse.

Mantener Los Cambios

Aprender cómo hablar y expresarse más en su vida despierta y en la vida de sus sueños es algo importante. Realmente puede ayudarle a obtener la confianza que pueda estar buscando. Es posible que ya haya notado que sus sueños han comenzado a cambiar a medida que se involucró con los ejercicios en los niveles 1, 2 y 3. El siguiente paso es mantener ese impulso. Mantener su progreso es importante, para que pueda mantener su influencia sobre las cosas que hace en sus sueños.

Si ha realizado los ejercicios en los niveles 1, 2 y 3, sus sueños probablemente ya hayan empezado a cambiar. Aquí hay una serie de preguntas que puede usar para mantener los cambios.
1. ¿Qué le pareció la forma en que se expresa en este sueño?
2. ¿Qué le está tratando de contar su sueño sobre su vida despierta?
3. ¿Qué le está tratando de contar su sueño sobre su futuro?
4. ¿Cómo puede cambiar su oportunidad para que las circunstancias presentes y futuras en la historia del sueño funcionen para usted?

Si no está satisfecho con la forma en que habla en sus sueños, repita los ejercicios en el Nivel 3 en un día diferente, con un sueño diferente. Si aún no está satisfecho, repítalo de nuevo un día más. También puede volver a los ejercicios en los niveles 1 y 2 para obtener una mayor percepción y sensibilidad. Siga repitiendo hasta que sus sueños le brinden una visión y una guía adicional.

Ejercicios Extras

Ahora que ha pasado por esta Oportunidad de Sueño, se le invitará a explorar algunos ¡ejercicios extras! Estos ejercicios son geniales para ayudarle a pensar cómo le gustaría verse a sí mismo en el futuro y qué aspiraciones preferiría en su vida. Para la primera parte, utilizando un bolígrafo y papel y enumere todos los cambios que desea tener en su vida para el próximo año. No importa cuáles sean las metas o aspiraciones, simplemente escriba y quizás agregue algunas ideas de cómo podrá lograr esto, si es que tiene ideas sobre ello.

Mantenga esta lista en un lugar donde pueda verla todos los días. Esto puede ayudar a darle un poco más de motivación para realizar sus sueños más preciados, y cuando vea lo bien que se está moviendo en sentido a lograr estos sueños, su confianza puede aumentar. También es posible que desee tomarse un tiempo cada mes y revisar la lista para reflejar las aspiraciones que logra o las nuevas que desea lograr.

EN RESUMEN

Hablar en sus sueños es algo que puede tomar tiempo y atención para lograrlo. La mayoría de la gente no está acostumbrada a la idea de poder expresarse y hablar en sus sueños porque parece un trabajo arduo. Pueden tener problemas para expresarse en su vida despierta, por lo que tampoco están seguros de cómo expresarse en su vida del sueño.

Este capítulo se trata de aprender cómo hablar en sus sueños y en su vida despierta. Esto puede ser realmente frustrante, el andar por la vida y no tener ninguna influencia sobre lo que está sucediendo. Muchas veces, tanto en su vida como en la de sus sueños, puede terminar dejando a otra persona en el centro del escenario. Puede estar de acuerdo con lo que otros hacen y dicen, tal vez aun cuando esa no sea una verdadera expresión de quien es usted. Aprender a expresarse y hablar más en su vida real y en la vida de sus sueños puede ayudarle a cambiar esto y darle una nueva sensación de felicidad que quizás se haya perdido en su pasado.

Los niveles 1 y 2 de esta oportunidad se concentraron en notar cómo habla y cómo se expresa en sus sueños. Para algunos, darse cuenta de que no ocurre mucha expresión en el mundo de los sueños, o incluso en la vida real, puede ser difícil. Sin embargo, esto no es necesariamente algo malo, incluso si las expresiones de sus sueños son casi inexistentes. Es simplemente algo que puede ser útil explorar con el tiempo.

Es posible que no obtenga tanto de sus sueños como sea posible hasta que pueda experimentarlos como una oportunidad para hablar y expresarse. Los sueños son excelentes lugares para expresarse porque realmente no hay nadie allí para juzgar o burlarse de usted. Si no puede hablar fuerte y encontrar formas nuevas y creativas de expresarse en sus sueños, entonces, ¿cómo podrá hacer lo mismo cuando esté despierto?

La buena noticia es que usted podrá aprender a tener cierta influencia en todo esto, y eso seguirá mientras continúa explorando los ejercicios en el Nivel 3. Durante este nivel, aprendió sobre cómo podría hacer algunos cambios en la cantidad de expresiones que usted es capaz de utilizar. Sí esto significa que puede hablar fuerte y hablar con otras personas, tal vez convirtiendo esto en la aspiración de tener una conversación significativa por día; pero hay otros métodos de expresarse si la conversación le resulta complicada. Por ejemplo, usted puede expresarse por escrito, bailar, hacer ejercicio, poesía, cocinar y mucho más. La idea es encontrar el método de expresarse que funcione para usted y luego ser constante, o seguir intentando alternativas, hasta que vea resultados.

Muchas veces, es fácil relegarse y sentir que no está influyendo en su propio destino, porque muchas otras personas se están haciendo cargo de usted. Pero cuando usa sus talentos y comienza a hablar fuerte y expresarse, puede descubrir que es más fácil que nunca beneficiarse de la capacidad humana para expresar y comunicar.

NOTAS:

NOTAS:

5: COMO HACER AMIGOS EN SUS SUEÑOS

En este capítulo, se le invitará a aprender a hacer amigos en sus sueños. Esta es una emocionante oportunidad de sueño que ofrece una habilidad de la cual mucha gente ignora que puede disfrutar en sus sueños. Al igual que con algunas de las otras oportunidades de sueño en esta guía, muchas personas sienten que no tienen influencia sobre lo que sucede en sus sueños. Pueden estar reviviendo algo que sucedió durante el día o actuando como espectadores inocentes, solamente como pasajeros del viaje sin otra opción.

Pero en su sueño, puede usted influenciar muchas cosas. Puede decidir cuánta libertad e influencia tiene en sus acciones durante el sueño, puede influenciar la cantidad de sentimientos que experimenta en el sueño, e incluso puede descubrir cómo hablar y expresarse más en el sueño. Todo esto está conectado a las interacciones que usted tiene en su vida despierta, por lo que aprender cómo agregar más control, sentimientos y expresión a su vida diaria puede ayudarle a obtener más de sus sueños también.

Otra experiencia que puede encontrar en sus sueños es la capacidad de hacer nuevos amigos. Piense en lo emocionante que sería ir a dormir por la noche y saber que ¡puede hacer nuevos amigos! Durante sus sueños, puede haber notado que había otras personas presentes, algunas de las cuales pudieron haber tenido una parte que jugar y otras que estaban en el fondo del sueño. Es posible que haya sentido que, aunque todas estas personas están cerca de usted, no podía interactuar con ellas.

Explorar esta Oportunidad Del Sueño puede ayudarlo a aprender cómo conocer a algunas de las personas en sus sueños. Puede escoger y elegir a las personas con las que desea hablar en su sueño e incluso la manera en la que le gustaría interactuar con ellas. Puede seleccionar a la persona que es más importante en el sueño e interactuar con ella, o puede elegir a una persona al azar en el sueño y comenzar una conversación. Usted puede participar en su sueño. Es posible que usted pueda sorprenderse del número de personas geniales con las que puede interactuar y conocer.

Este capítulo lo invitará a invertir un poco de tiempo discutiendo cómo puede hacer algunos amigos en sus sueños. Puede elegir hacer nuevos amigos cada vez que usted duerma, o puede llamar a las mismas personas en más de un sueño para que pueda conocer a sus amigos de nuevo cada vez que se adentra en el Fluir Del Sueño. Esta es una gran manera de disfrutar más de sus sueños, obtener información mientras duerme y muchas otras cosas. Empecemos por aprender a cómo usar esta Oportunidad Del Sueño para conocer nuevas personas mientras duerme.

¡HAGA AMIGOS EN SUS SUEÑOS! NIVEL UNO

Al igual que con otras oportunidades de sueño, el primer nivel de esta oportunidad de sueño es darse cuenta de lo que sucede en sus sueños. Durante esta parte, será invitado a tomarse un tiempo para revisar los sueños que usted tiene y observar cómo interactúa con otras personas en sus sueños. Al igual que con las otras Oportunidades Del Sueño, es importante asegurarse de que recuerde sus sueños. Si no ha dominado el arte de recordar sus sueños, tal vez quiera volver al primer capítulo y practicar los pasos para recordar sus sueños antes de seguir adelante.

Este nivel se trata de notar lo que está sucediendo en sus sueños. No necesita poner mucho esfuerzo en los sueños que tiene. Siempre y cuando usted ya pueda recordar sus sueños, ¡ya ha terminado la parte más difícil de este proceso! Desde aquí, simplemente puede irse a la cama y tratar de tomar nota de las interacciones que tiene con los demás en sus sueños. Explorará la identificación y la realización de cambios en las interacciones de sus sueños más adelante, pero por ahora, simplemente observará las cosas que hace en sus sueños.

Este nivel funciona mejor si puede realizar un seguimiento de sus sueños durante una o dos semanas, según lo profundo que haya decidido explorar, a medida que avanza en los ejercicios. Puede optar por escribir algunas notas sobre los sueños para ayudarlo a recordarlas más tarde, y para después responder en un solo momento las preguntas en las siguientes actividades. O bien, puede elegir hacer estas actividades con cada sueño al despertar por las mañanas, antes de levantarse y continuar con su día.

¡COMO HACER AMIGOS! NIVEL UNO

TITULO DEL SUEÑO:
FECHA:
UBICACIÓN:
HISTORIA DEL SUEÑO:

Para cada sueño, hágase las siguientes preguntas:

1. ¿Cuánto contacto tuvo con otros en este sueño?

2. ¿Cuál es su forma principal de hacer contacto?

3. ¿Se acercó hacia los demás en el sueño?

4. ¿Tocó a los demás?

5. ¿Tuvo contacto emocional? Es decir, ¿tenía algún sentimiento hacia los demás en el sueño?

6. ¿Otros personajes de sus sueños tuvieron contacto emocional con usted?

7. Haga una lista de las diferentes maneras de hacer contacto físico o emocional en el sueño, el más importante primero:

   a._____
   b._____
   c._____
   d._____

8. En el sueño en general, ¿tiene tendencia a acercarse o alejarse de los otros personajes o aspectos del sueño?

9. ¿Conocía usted a los otros en este sueño?

   a. ¿Eran desconocidos?
   b. ¿Habían más desconocidos?
   c. ¿Habían más personas que usted conociera?

Estas preguntas lo invitan a darse cuenta de lo que está sucediendo en su sueño. Puede pensar en ese primer sueño y notar que no puede responder algunas de estas preguntas. Es posible que no haya tenido ninguna interacción con las personas en el sueño, ya sea interacción física o emocional, o puede que ni siquiera recuerde quién estuvo presente en el sueño. No se desanime. Estas preguntas pueden ayudarlo a pensar sobre lo que está sucediendo en el sueño, y luego podrá trabajar más en el siguiente sueño para tratar de notar lo que sucede a su alrededor con las personas en sus sueños.

Recuerde que durante este paso no está tratando de cambiar las cosas en el mundo de sus sueños. Este nivel se trata de notar sus interacciones en sus sueños. Más adelante podrá explorar realizando algunos cambios.

Preguntas al despertar

Una vez que haya terminado de hacerse las preguntas anteriores, puede pasar a su vida despierta. Es probable que encuentre algunas conexiones entre las interacciones personales que tiene en sus sueños y las que tiene en su vida despierta. Pregúntese a sí mismo lo siguiente:

1. ¿Cuánto contacto tiene con otros en su vida despierta?

2. ¿Tiende a evitar o avanzar hacia el contacto emocional con los demás?

3. ¿Tiene más contacto con extraños o personas que ya conoce?

4. ¿Con qué frecuencia toca a los demás?

5. ¿Con qué frecuencia le tocan los demás?

Mientras usted responde a estas preguntas, tómese un tiempo para pensar cómo se comparan sus respuestas con lo que sintió y vio en su sueño. No está trabajando para hacer ningún cambio en este punto, pero observe las conexiones que aparecen en sus sueños y cómo se relacionan con lo que está sucediendo en su vida despierta. ¿Está usted contento con las interacciones que tiene en su vida personal o siente que faltan? Si faltan, ¿cuál es la razón principal? Más adelante, usted explorará la posibilidad de realizar algunos cambios en sus interacciones sociales, pero este nivel solo se enfoca en notar sus interacciones para que pueda explorarlas más tarde.

Pregunta de Oportunidad Del Sueño

¿Prefiere tener más o menos contacto con los demás de lo que lo hace en este sueño?

Día de Oportunidad Del Sueño

Cuando tenga la oportunidad, tome un Día De Oportunidad Del Sueño. Al igual que con las Oportunidades Del Sueño anteriores, puede simplemente inventar cualquier tipo de ejercicio para ayudarlo a tener los sueños que desea. Usted creará un ejercicio del sueño para usted, en lugar de usar solo los ejercicios del sueño que se proporcionaron en este capítulo. La aspiración de este ejercicio es influir en el número o tipo de interacciones que tendrá en sus sueños.

El tipo de ejercicio que se le ocurra no es tan importante. Puede ser creativo y hacer lo que le plazca. Para este ejercicio, es más importante idear algo y hacerlo, que concentrarse en qué tipo de ejercicio es. El proceso de crear y llevar a cabo el ejercicio puede ayudarlo a prestar mejor atención a sus sueños, independientemente de cualquier actividad.

¡HAGA AMIGOS EN SUS SUEÑOS! NIVEL DOS

Ahora que ha empezado a darse cuenta de cuánto interactúa con otras personas en la vida de sus sueños y en su vida despierta, cuando esté listo, usted puede avanzar al Nivel 2. En este nivel, invertirá algo de tiempo en identificar el contacto que tiene con otros, e incluso la identificación de algunas de las razones por las que se comporta de cierta manera. Podrá incluir parte de esta información en una gráfica para ayudarlo a comprender lo que sucede en sus sueños y en su vida diaria.

En este paso, todavía no está haciendo cambios. En cambio, está definiendo cuánto contacto tiene con los demás. Esto puede ser muy importante para ayudarlo a comprender lo que está sucediendo en su vida cuando se trata de interacciones sociales, y puede hacer que sea más fácil determinar dónde usted podría o no considerar las posibilidades de algún cambio.

Este es un paso muy importante, para alcanzar cambios en su vida social. Usted podrá notar que la cantidad de interacción social que usted experimenta en sus sueños está relacionada a cuanta interacción social existe en su vida despierta.

Los seres humanos son seres naturalmente sociales, por lo que cuando no son capaces de socializar con los demás o tienen problemas para interactuar, podría ser un signo de un problema. Claro, existen personas introvertidas que tienden a recargarse estando en casa y no socializando con tanta frecuencia como otras personas, pero incluso estas personas todavía sienten el deseo de salir y socializar con sus compañeros en alguna ocasión. Afortunadamente, hay algunos pasos que puede seguir para cambiar su nivel de interacción social, y el Nivel 2 es el primer paso para lograrlo.

Para comenzar este nivel, empiece por representar gráficamente cuánto contacto tiene actualmente con otros en sus sueños. No hay una respuesta correcta o incorrecta, así que sea honesto durante esta fase para que tenga una idea de su punto de partida. Con el tiempo, puede notar que sus interacciones aumentan en sus sueños y también aumenta su escala de calificación. Pero, por ahora, no hay nada de malo en elegir un número menor. Lo importante es ser lo más preciso posible.

Para comenzar con esta parte, se le invita a elegir un sueño reciente o a recordar algunos de los sueños recientes que le sean posible. Cuando tenga en cuenta estos sueños, determine la cantidad de contacto que parece tener con los demás en sus sueños, usando la siguiente escala.

¡COMO HACER AMIGOS! NIVEL DOS

TITULO DEL SUEÑO:
FECHA:
UBICACIÓN:
HISTORIA DEL SUEÑO:

Para comenzar a identificar, empiece por realizar una GRÁFICA representando cuánto contacto tiene con los demás. Recuerde, estamos hablando sobre hacer cualquier tipo de contacto. Use esta escala para calificar su nivel de contacto. En general, tomando todos sus sueños en consideración, ¿cuánto contacto tiene con otros en sus sueños?

1. SIN CONTACTO: Está presente en el sueño solo como un observador.
2. LEVE Y OCASIONAL: Su contacto con los demás es indirecto y no afecta las acciones o sentimientos del sueño.
3. MODERADO: Usted habla con otros y tiene contacto emocional, pero a menudo evita o se aleja de los contactos.
4. SÓLIDO Y DIRECTO: Sus contactos con otros son sólidos y directos, a menudo físicos, y afectan el resultado del sueño.
5. TOTAL: Sus contactos con otros son completos, intensos, satisfactorios e implican sentimientos profundos. Su contacto con los demás es fundamental para el sueño y marca la diferencia.

Al lado de sus notas sobre este sueño, escriba el número que corresponde a su nivel general de contacto con los demás en la vida de sus sueños. CONTACTO GENERAL: 1, 2, 3, 4 o 5.

También junto a sus notas sobre este sueño, escriba el número que corresponde a la cantidad de contacto que tiene en este sueño. CONTACTO DE SUEÑO RECIENTE: 1, 2, 3, 4 o 5.

Preguntas Pasadas

El siguiente paso es mirar su pasado y determinar cuánto contacto ha tenido con otras personas a lo largo de las diferentes fases de su vida. Esto le hará pensar en cuánto han cambiado sus interacciones sociales a lo largo de los años y lo qué esto podría significar para su tiempo del sueño.

1. Usando la escala de 1 a 5, en una hoja o página de papel nueva, escriba el número de su nivel de contacto al estar despierto, que indique el nivel de contacto que tuvo durante los siguientes períodos de su vida:

1 - 5 años de edad	22 - 25 años de edad	56 - 65 años de edad
6 - 12 años de edad	26 - 35 años de edad	66 - 75 años de edad
13 - 16 años de edad	36 - 45 años de edad	76 años en adelante
17 - 21 años de edad	46 - 55 años de edad	

2. Ahora dibuje líneas y números verticales y horizontales para crear esta gráfica de su nivel de contacto para cada período de su vida. Coloque un punto sobre cada edad, luego conecte los puntos.

5

4

3

2

1

Edad   1   6   13   17   22   26   36   46   56   66   76

Su distribución de puntos puede parecerse algo a esto:

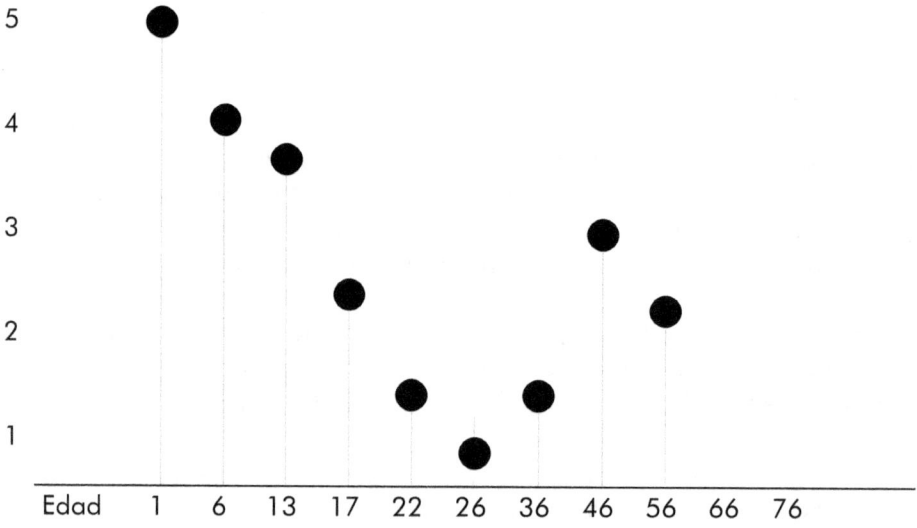

Su gráfica completa puede verse algo así después de conectar los puntos:

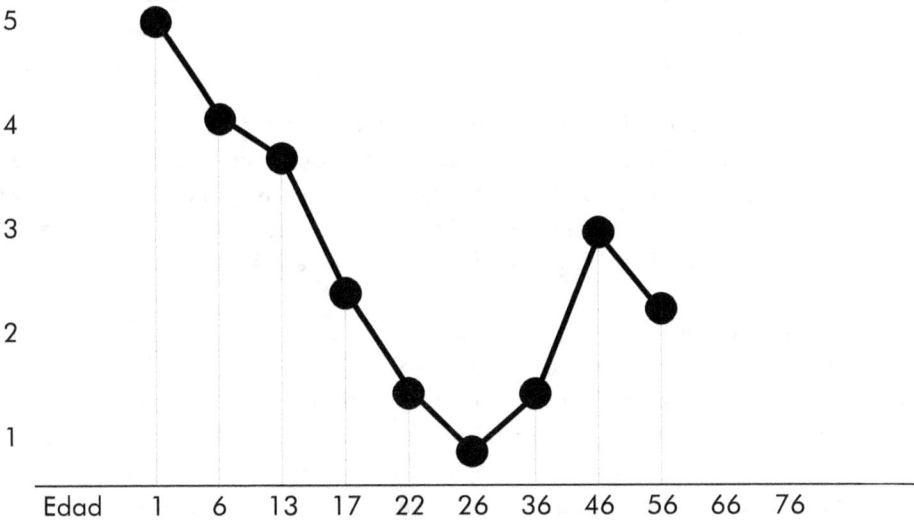

- Ahora mire la gráfica. Imprímala si puede.
- Observe si su nivel de contacto ha cambiado a lo largo de los años.
- Piense en lo que le ha pasado y en cómo usted ha cambiado.

3. Piense en cómo sus padres, sus amigos y su entorno pueden haber determinado su disposición a contactarse con otras personas en su vida.

4. ¿Está satisfecho con el nivel de contacto y amistad que tiene en su vida despierta?

5. Haga una lista de los tipos de contacto que tenía permitidos a medida que crecía, y qué tipos estaban desaprobados.

PERMITIDO:

a._____
b._____
c._____

MAL VISTO:

a._____
b._____
c._____

Puede notar que su nivel de interacción social ha cambiado a lo largo de los años, pero cada persona será diferente. Algunas personas pueden tener más interacciones sociales a medida que envejecen, mientras que otras pueden ver un descenso en las interacciones a medida que envejecen. En este punto, solo asigne un número para cada grupo de edad, y no se preocupe por lo demás.

Durante este tiempo, puede pensar en las personas en su vida y en cómo han sido una influencia para usted. A menudo, la cantidad de interacciones sociales que usted puede tener depende de cómo fue criado y las interacciones que tuvo cuando era niño. En otros casos, pudo haber sucedido un gran evento que cambió la forma en que usted interactúa con los demás. Tome su tiempo para considerar cómo sus padres, sus amigos y su entorno pueden haber determinado su disposición a establecer contactado con otras personas en su vida.

Tome un momento para considerar qué tan satisfecho está con su nivel actual de contacto y amistad con los demás en su vida despierta. Algunas personas pueden ser realmente sociables y sienten que necesitan tener más contacto con otras personas, pero hay algo en su camino que les impide tener tanto contacto como les gustaría. Luego, están aquellos a los que no les gusta tanto contacto, a los que les gusta estar solos, y pueden estar bien con la cantidad de contacto que tienen actualmente, incluso si en comparación la cantidad es baja. La respuesta a esto variará de acuerdo con su situación actual y con lo que disfruta y con lo que se siente más cómodo.

Pregunta de Oportunidad del Sueño

¿Usted nota cuando otras personas tienen la oportunidad de hacer contactos amistosos pero no lo hacen? ¿Qué piensa usted de sí mismo cuando esto sucede?

Este ejercicio puede ayudarlo a ver cuántas veces tiene la oportunidad de contactarse con otras personas y cuántas veces las evitó. Muchas veces, puede tener oportunidades de ser sociable y hacer contacto, pero puede ignorar esas oportunidades o incluso no darse cuenta de que existen. En este ejercicio, piense críticamente sobre las preguntas que se le hacen y trate de ver por qué actúa de cierta manera.

¿Usted nota cuando otras personas tienen la oportunidad de hacer contactos amistosos, pero usted no puede hacer estos contactos? ¿Cuáles son sus pensamientos cuando esto sucede? ¿Está molesto porque no puede hacer ninguna de estas conexiones, o siente celos? ¿Es usted alguien que está contento con las interacciones sociales que tiene, y por eso se siente feliz de que la otra persona haya hecho una nueva conexión? ¿Está dispuesto a salir de su zona de confort y realmente hacer que la conexión social y el contacto amistoso trabajen para usted?

Ya sea que se dé cuenta o no, esta sección le ha pedido que piense en muchas cosas que pueden ser un poco incómodas. Estas son a menudo cosas que la gente quiere evitar. Algunas personas se culpan a sí mismos por comportarse de cierta manera, sin darse cuenta de que se les enseñó cómo ser de esta manera cuando estaban creciendo. La buena noticia es que, si comprende sus Oportunidades Del Sueño, podrá hacer cambios.

Ejercicios Extras

Antes de que usted avance al Nivel 3, aquí hay algunos ejercicios extras para el segundo nivel. Estas preguntas le pedirán que mire su pasado, presente y futuro para determinar cómo han cambiado sus pensamientos y sentimientos con el tiempo, comenzando con su infancia y terminando con la forma en que le gustaría hacer las cosas en el futuro. Esta puede ser una buena manera de hacerle pensar acerca de cómo su nivel actual de interacción social coincide con la forma en la cual le enseñaron a comportarse. Los ejercicios extras que puede realizar para terminar el segundo nivel incluyen los siguientes:

Pasado: En cualquiera de sus sueños, identifique y enumere las maneras que sintió, actuó y pensó en sus sueños cuando era niño.

Presente: Trate de identificar en su sueño más reciente una forma única de hablar, sentir, actuar o comprender que sea completamente suya de la manera que es ahora.

Futuro: Considere cómo pudo haber cambiado o completado su sueño más reciente:
- ¿Cómo podría haber cambiado el nivel de contacto que tenía con otras personas en el sueño?

- ¿Cómo podría haber cambiado lo que dijo?
- ¿Cómo podría haber cambiado su nivel de comprensión?
- ¿Cómo podría haber cambiado las acciones que realizó en el sueño?
- ¿Cómo podría haber cambiado su nivel de sentimiento?

En el Nivel 1 y Nivel 2, usted tomó un poco de tiempo para notar e identificar lo que está sucediendo en sus sueños. Esta es una buena manera de saber cuánto contacto tiene con otras personas en sus sueños, y puede determinar si está satisfecho con el nivel de interacción. Puede considerar sus sueños y observar que la interacción es bastante alta o que está satisfecho con ella aunque la cantidad sea baja. Por otro lado, hay algunas personas que notan que los niveles son bajos y pueden querer hacer cambios. Los dos primeros niveles consisten en darse cuenta de cuánta interacción está sucediendo en sus sueños y en su vida despierta, antes de avanzar al tercer nivel y poner en práctica estas realizaciones.

¡HAGA AMIGOS EN SUS SUEÑOS! NIVEL TRES

Durante los dos primeros niveles, usted aprendió a notar e identificar las diferentes conexiones que ha hecho en la vida de sus sueños y en su vida despierta. Se tomó el tiempo para trazar las conexiones que tenía en la vida de sus sueños. En algunos casos, es posible que haya estado satisfecho con los resultados, mientras que en otros momentos puede haberse sorprendido por la falta de conexiones que existían. En algunos casos, puede que solo haya sido un observador, sin tener interacciones ni hacer nada activo, mientras que en otras ocasiones, puede haber tenido la oportunidad de interactuar e incluso tocar físicamente a otras personas en el sueño. Todo depende de su conexión en los sueños y de cómo interactúa con personas que se encuentran ajenas a sus sueños.

En este tercer nivel, avanzará y comenzará a hacer algunos cambios en la forma en que interactúa con otras personas. Hasta ahora, ha invertido tiempo reconociendo la cantidad de contacto que tiene con otras personas en sus sueños y en su vida despierta. Ahora puede avanzar para hacer un cambio. Algunas personas pueden notar que es bajo su nivel de contacto y la relación con otras personas a su alrededor, ya sea que estén examinando sus sueños o su vida despierta. En el Nivel 3 de esta Oportunidad Del Sueño, puede avanzar para aprender cómo puede cambiar la cantidad y la calidad de sus relaciones.

Para comenzar esta parte, recuerde uno de sus sueños más recientes. Podrá encontrar que es útil recurrir a su sueño más reciente todos los días durante una semana, de modo que realmente pueda enfocarse en estas preguntas y determinar qué está sucediendo en cada uno de los sueños.

COMO HACER ¡AMIGOS! NIVEL TRES

TITULO DEL SUEÑO:
FECHA:
UBICACIÓN:
HISTORIA DEL SUEÑO:

Una vez que tenga el sueño listo con algunas notas escritas, usted podrá responder a las siguientes preguntas:

1. ¿Está satisfecho con su nivel de amistad en este sueño?
2. ¿Qué debería pasar en este sueño para que usted sea amigo de todos en el sueño?
3. ¿Quién es su mejor amigo en este sueño?
4. ¿Cómo evita usted el contacto con otros en el sueño?
5. ¿Qué tendría que hacer o qué debería cambiar, para hacer amigos en el sueño?
6. ¿El nivel de amistad en este sueño funciona para usted o en su contra?
7. ¿Cómo tendría que cambiar su nivel de contacto para llegar a un nivel completamente nuevo?
8. Califique la forma en que hace CONTACTO en este sueño, usando la escala de 1 a 5 mencionada en el Nivel 2:

En general, tomando todos sus sueños en consideración,
¿Cuánto contacto tiene con otros en sus sueños?

1. SIN CONTACTO: Está presente en el sueño solo como un observador.
2. LEVE Y OCASIONAL: Su contacto con los demás es indirecto y no afecta las acciones o sentimientos del sueño.
3. MODERADO: Usted habla con otros y tiene contacto emocional, pero a menudo evita o se aleja de los contactos.
4. SÓLIDO Y DIRECTO: Sus contactos con otros son sólidos y directos, a menudo físicos, y afectan el resultado del sueño.
5. TOTAL: Sus contactos con otros son completos, intensos, satisfactorios e implican sentimientos profundos. Su contacto con los demás es fundamental para el sueño y marca la diferencia.

¿Cómo sería si llevara su nivel de contacto un nivel más alto?
¿Cómo sería si llevara su nivel de contacto un nivel más bajo?

9. ¿Qué cosas buenas podrían pasar si comenzara a tener tanto contacto como usted quisiera en su vida?

La intención de estas preguntas es hacerle pensar en cómo son sus interacciones en sus sueños. A veces, tendrá un sueño que tiene mucha interacción y contacto entre usted y las otras personas en el sueño, y otras veces, tendrá muy poca interacción. Al principio, puede descubrir que muchos de sus sueños tienen poca interacción porque está acostumbrado a sentarse al margen y observar lo que sucede en el sueño. Sin embargo, cuanto más se cuestione acerca de las interacciones y las relaciones que forma en sus sueños, más fuertes serán.

Tenga en cuenta que no hay respuestas correctas o incorrectas. Nadie más que usted verá los resultados, así que sea honesto consigo mismo acerca de lo que escribe. Usted podrá calificar sus sueños combinando todos los sueños para llegar a un promedio, o haga esto todos los días durante una semana o dos para calificar cada sueño individualmente.

Muchas personas que atraviesan por esta parte notan que hay límites en la cantidad de contacto que tienen con otras personas, ya sea que estén observando la vida de sus sueños o su vida despierta. Una cosa a considerar es lo bueno que puede pasar si comenzara a tener tanto contacto como le gustaría en su vida. ¿Cómo se sentiría si pudiera controlar cuándo conocerá a gente nueva? o ¿qué tal si pudiera hablar y estar más cerca de otros, o si le resultara más fácil hacer nuevos amigos? Su nivel de contacto con otros puede influir directamente en su calidad de vida. Comprender los cambios sorprendentes que pueden venir de esto puede marcar una gran diferencia.

Encontrando su Palabra de Amistad del Sueño

Escriba las diez palabras principales que podría usar para describir lo que está sucediendo en su sueño.

1. _____
2. _____
3. _____
4. _____
5. _____
6. _____
7. _____
8. _____
9. _____
10. _____

Encierre en un círculo cinco de las palabras en su lista de diez.

De las cinco palabras en un círculo, escriba tres en una página nueva.

1. _____
2. _____
3. _____

De las tres palabras, circule dos.

De las dos palabras en un círculo, escriba una en una página en blanco, por sí misma. Esta única palabra es su Palabra De Amistad Del Sueño. Recuerde su Palabra De Amistad Del Sueño durante todo el día.

PALABRA DE AMISTAD DEL SUEÑO

Sugerencia al despertar

Ahora que ha invertido un tiempo con los contactos en sus sueños, está cordialmente invitado a llevar algo de esto a su vida despierta. El primer ejercicio lo invita a tratar de cambiar la forma en que se relaciona con los demás. Al principio, solo observe cuánto contacto está haciendo durante el día. Puede notar que su contacto es bastante limitado al principio, pero va a tener algunas oportunidades de aumentar o disminuir el contacto a medida que usted avanza.

1. Intente cambiar la forma en que haga contacto hoy. Cuando note cómo hace contacto, disminúyalo un poco y luego auméntelo. Sea respetuoso y apropiado. No haga nada ilegal, impropio o dañino durante la vida despierta. Intente esto todo el día, disminuya un poco y luego aumente. Sea respetuoso y responsable en todas sus acciones en su vida despierta. No se haga daño a sí mismo, ni a los demás de ninguna manera.

2. Antes de continuar, ¿realmente intentó algunas de estas cosas nuevas? Si no lo hizo, al menos note e identifique cómo fue que se detuvo.

¿Se confundió?
¿Fue menos activo?
¿Ha restringido su capacidad de sentirse bien?
¿Ha hablado menos?

Recuerde que es importante ser apropiado y respetuoso. No haga nada que sea dañino, impropio o ilegal, para usted o para otros durante su vida despierta. Siempre sea responsable y respetuoso en todas sus acciones en su vida despierta.

Lo bueno de esto es que podrá explorar el nivel de amistad e interacción que está experimentando con otras personas en su vida despierta. Hay muchas interacciones que son importantes para usted, desde las que le ayudan a construir nuevas amistades hasta aquellas que le ayudarán a establecer contactos y conocer nuevas amistades para avanzar en su carrera profesional y acercarle a sus aspiraciones. Aprender cómo elevar y bajar el contacto de una manera relajada a lo largo del día puede permitirle también formar de una manera más sencilla las conexiones que está buscando en su vida despierta.

Es importante hacer las actividades en este capítulo para ver los resultados. Puede que mejore su habilidad para formar conexiones con otras personas en su vida despierta, pero también puede considerar navegar algunas de las inseguridades y otras cosas menos cómodas que se interponen en su camino primero. Cuando usted pueda moverse a través de algunas de esas áreas incómodas, incluso si es solo un poco a la vez (puede dividir esta actividad en unos pocos días o hacerlo varias veces), podrá formar algunas relaciones significativas y conexiones que pueden ser muy satisfactorias.

Mantener los cambios

Para algunas personas, esta puede ser la parte más difícil. Puede que no se sientan cómodos hablando con otras personas o expresando su opinión para poder conocer a otras personas. Otros pueden sentirse más cómodos y no tendrán ningún problema. Cada persona es diferente. Avanzar hacia la aspiración de hacer más amigos puede hacer una gran diferencia a largo plazo. No importa cuán fácil o difícil sea esta Oportunidad Del Sueño para usted, es importante que la mantenga, para que usted pueda tener amistades sólidas y conexiones flexibles en todas las áreas de su vida.

Si ha realizado los ejercicios en los niveles 1, 2 y 3, sus sueños probablemente ya hayan empezado a cambiar. Aquí hay una serie de preguntas que puede usar para mantener los cambios.

1. ¿Qué tan amigable se sintió con los demás en este sueño?
2. ¿Qué es lo que el sueño trata de contarle sobre su vida despierta?
3. ¿Qué es lo que el sueño trata de contarle sobre su futuro?
4. ¿Cómo puede cambiar su oportunidad para que las circunstancias presentes y futuras en la historia del sueño funcionen para usted?

Si no está satisfecho con la forma de hacer amigos en sus sueños, repita los ejercicios en el Nivel 3 en un día diferente, con un sueño diferente. Si aún no está satisfecho, repítalo de nuevo un día más. También puede volver a los ejercicios en los niveles 1 y 2 para obtener una mayor percepción y sensibilidad.

Ejercicios Extras

Estos ejercicios adicionales pueden ayudarlo a aprender más acerca de usted. También pueden ayudarlo a concentrarse en las cosas que desea en el futuro. Esta es una oportunidad para pensar en sus aspiraciones a corto plazo, como las que tiene para el próximo año. Aquí puede enumerar muchos de los cambios a los que aspira en su vida a lo largo del tiempo.

Cuando termine esta lista, puede ser útil tomarse el tiempo para revisarla todos los días. Puede colocarlo en el refrigerador o guardarlo en otro lugar, donde lo verá con frecuencia. Esta es una gran manera de recordarse a sí mismo que deberá seguir avanzando hacia sus aspiraciones. Si coloca esta lista en algún lugar del que se olvidará, puede ser más difícil recordar estas aspiraciones. Sus sueños más anhelados siempre están ahí, pero si no los recuerda o no los atiende, a veces solo son sueños y nunca se vuelven reales. En ocasiones puede preferir mantener esos sueños en el reino de la fantasía, está bien, pero con otros sueños, tal vez sean sus verdaderas aspiraciones en la vida, y usted preferiría realizar esos sueños.

Cada mes, tómese un tiempo para revisar esa lista y ver qué cosas siguen siendo válidas. Por ejemplo, si logra una aspiración, puede marcarla en la lista. Si termina queriendo agregar una nueva aspiración, puede ponerla en la lista para que pueda recordarla nuevamente. La lista probablemente cambie con el tiempo, pero es un buen recordatorio para ayudarle a mantenerse en el flujo de la realización de sus sueños: hacer que su vida se convierta en un sueño hecho realidad.

Al final del Nivel 3, usted ha cultivado la posibilidad de formar conexiones diferentes con los demás, tanto en su vida personal como en sus sueños. Sus sueños pueden comenzar a volverse más poderosos e incluso más divertidos, a medida que comience a elegir la forma en que le gustaría interactuar con quienes le rodean. Siga recordando a través de estos diferentes ejercicios para ayudar a que los sueños se manifiesten.

EN RESUMEN

Es posible hacer nuevos amigos y tener grandes interacciones en sus sueños. Si bien es posible que se haya acostumbrado a simplemente relajarse y observar los sueños que tiene en lugar de relacionarse con otras personas, puede utilizar las sugerencias de este capítulo para apoyarse a iniciar a conocer a otras personas que existen en sus sueños en poco tiempo. Al aprender cómo agregar más interacciones a su vida despierta, o al menos a controlar estas interacciones, desde el principio usted podrá ayudarse a hacer nuevos amigos en sus sueños.

En el primer nivel, usted es responsable de solo darse cuenta de lo que sucede en sus sueños. Ya sea que tome cada sueño por una semana y lo analice de uno en uno o que intente promediar sus sueños recientes, usted podrá invertir este tiempo en tratar de observar las conexiones que están disponibles y el cómo reacciona ante los demás en sus sueños. Muy pocas personas comienzan por tener buenas conexiones con otras personas en sus sueños, por lo que podrá notar algunas ocasiones cuando usted se retire de situaciones sociales en sus sueños y tal vez usted simplemente se sentará a mirar el sueño sin tratar de relacionarse con los demás. A medida que trabaje en esta Oportunidad Del Sueño, las cosas pueden comenzar a ser más fáciles y puede descubrir que es posible conocer gente nueva e interactuar con otras personas en sus sueños.

A medida que avance al Nivel 2, podrá notar que sus interacciones con otros en sus sueños se relacionarán con las interacciones que tiene con los demás en su vida de vigilia. ¿Es usted alguien que a menudo se retira de las relaciones con los demás? ¿Es usted alguien que no habla o no se preocupa por conocer a alguien nuevo cuando está en el trabajo o en situaciones sociales? Si usted es una persona retraída que no quiere conocer gente nueva o que es tímida a la hora de conocerlos, es posible que su situación sea la misma en sus sueños.

En el segundo nivel, usted invirtió algo de tiempo explorando las diferentes formas en que interactúa con los demás en el mundo de sus sueños y en su mundo despierto. Los dos a menudo serán muy similares entre sí, así que si usted desea cambiar lo que está sucediendo en el mundo de sus sueños, también podría considerar cambiar la forma en que actúa en su vida despierta. En este segundo nivel, usted invirtió tiempo en identificar cómo socializar con otras personas, no solo en el mundo de sus sueños, sino también en cómo interactúa con los demás cuando está despierto. No trabajó en hacer cambios; usted solamente invirtió este tiempo notando e identificando las cosas que sucedían a su alrededor.

En el tercer nivel, finalmente usted tuvo que hacer cambios. En este nivel, comenzó por cambiar la forma en que interactuaba con los demás en su vida despierta. Usted realizó el esfuerzo de cambiar la forma en que interactuaba con otras personas en diferentes situaciones. Algunas veces, agregó una mayor interacción y otras veces agregó menos. Este ejercicio consistió en notar cómo interactúa con otras personas y cómo puede controlar cómo interactúa con los demás. A continuación, puede utilizar este conocimiento para decidir cuánto le gustaría interactuar con los demás, de modo que aún se encuentre en un nivel que le resulte cómodo.

Cuando todo esto se une, es mucho más fácil aprender cómo hacer más amigos, en su vida personal y en la vida de sus sueños, lo que puede ser algo importante. Usted no tiene que ser amigo de todas las personas que conozca, pero aprender a ser más abierto a estas amistades y lo que pueden aportar a su vida, en lugar de dejar que sus inseguridades se interpongan en su camino y le retengan, puede marcar una gran diferencia en su vida. Si en algún momento siente que esta Oportunidad Del Sueño no está funcionando bien para usted, asegúrese de volver a pasar por los niveles nuevamente o invertir más tiempo en cada nivel. Cada persona va a su propio ritmo. Aprender a hacer que esto funcione para usted realmente puede hacer una diferencia en cómo puede formar buenas relaciones en su vida.

NOTAS:

NOTAS:

6: COMO ENTENDER Y REALIZAR SUS SUEÑOS

Una cosa que a mucha gente le gusta explorar con sus sueños es aprender a comprender lo que está sucediendo en estos sueños. Les gusta la idea de pensar sobre las cosas en sus sueños y encontrar una solución, en lugar de preocuparse por ellas en su vida despierta. Hay muchas cosas que usted puede hacer para comprender completamente sus sueños. Este capítulo lo ayudará a comenzar.

Hubo varias ocasiones en esta guía donde trabajó para controlar y comprender lo sus sueños le estaban diciendo. Usted trabajó para hablar más en sus sueños, hacer más amigos, sentirse bien e incluso para ganar más libertad. Usted pudo comprender que había una conexión entre su vida despierta y la de sus sueños. Por ejemplo, si tiene problemas para hacer amigos y hablar con personas en sus sueños, a menudo es porque está experimentando estos mismos problemas en su vida personal. Todos los temas tratados en esta guía pueden relacionarse con su vida personal, lo que a su vez puede ayudarlo a comprender mejor lo que sucede en sus sueños.

Hay mucho que se puede entender y realizar en los sueños. Si usted puede recordar sus sueños, puede aprender algo. Todo comienza simplemente al notar algunas de las cosas que suceden en sus sueños. Cuando usted comienza por primera vez, es fácil pensar en el sueño y no prestar atención a lo que está sucediendo. Puede que ni siquiera note los detalles del sueño. Pero si desea comprender realmente lo que sucede en sus sueños, puede tomarse un tiempo para darse cuenta de algunos de los detalles que están allí y luego descubrir cómo se relacionan con usted personalmente en su vida diaria.

Cada persona tendrá un resultado diferente de este proceso. Su vida personal es diferente a la de cualquier otra persona, y comprender sus sueños dependerá de algunas de sus experiencias personales en su vida despierta. Hablar con otras personas acerca de sus sueños puede ayudarlo a recordar lo que soñó, pero no deberá invertir demasiado tiempo comparando sus sueños con los sueños de otras personas. No hay una forma correcta o incorrecta de soñar. Todos tendrán sueños diferentes, por lo que es más útil enfocarse en los suyos y en cómo es que los experimenta en lugar que los sueños de otra persona.

Hay muchos ejemplos de sueños que trabajan para ayudar a las personas a comprender lo que está sucediendo en sus vidas. Este capítulo lo invita a invertir algo de tiempo para entender sus sueños de una manera que nunca habrá imaginado. Siguiendo la misma plantilla que en los capítulos anteriores, comenzará observando lo que sucede en sus sueños, luego identificando y finalmente haciendo algunos cambios que puedan ayudarlo a comprender lo que realmente está sucediendo en sus sueños.

¡Empecemos!

¡ENTIENDA Y REALICE SUS SUEÑOS! NIVEL UNO

Este capítulo le ofrecerá algunas preguntas diferentes que puede hacerse para comprender mejor lo que sucede en sus sueños. Esta parte se divide en varias secciones diferentes, que incluyen preguntas sobre sus sueños, preguntas sobre lo que sucede en su vida diaria y la oportunidad de explorar un Día De Oportunidad Del Sueño. Estas actividades pueden ayudarlo a comprender lo que está sucediendo en su vida personal y en sus sueños.

Durante este primer nivel, usted invertirá tiempo notando lo que sucede en sus sueños. No tiene que hacer ningún cambio, aún. Usted es el único responsable de darse cuenta de lo que está sucediendo en sus sueños para que pueda comenzar a entenderlos. Para aprovechar al máximo este trabajo, es importante esforzarse al máximo. Vaya a su propio ritmo y siga los pasos unas cuantas veces si es necesario, pero trate de evitar saltarse partes de esta Oportunidad o el apresurarse a terminar. De lo contrario, es posible que no vea los resultados que usted desea.

Para comenzar, recuerde uno de sus sueños recientes, o invente uno. Recuerde que puede hacer esto varias veces, tal vez hacerlo esto todos los días durante una semana más o menos, con el fin de ayudarlo a comprender lo que está sucediendo en el sueño y ayudar a que este proceso sea un poco más fácil.

COMO ENTENDER Y ¡REALIZAR! NIVEL UNO

TITULO DEL SUEÑO:
FECHA:
UBICACIÓN:
HISTORIA DEL SUEÑO:

Una vez que tenga un sueño listo, hágase las siguientes preguntas para ayudarlo a comenzar:

1. ¿Qué tan claro es su sueño?

    a. ¿Qué tan vívidos fueron los colores?

    b. ¿Las imágenes eran borrosas o eran claras?

    c. ¿Usted entendió todo lo que pasó al despertar?

    d. ¿Tenía sentido su sueño mientras lo soñaba?

2. ¿Qué tan claro era usted como el soñador?

3. ¿Tenía un papel protagonista o una parte secundaria?

4. ¿Le gusta la forma en que se encuentra en este sueño?

5. ¿Está participando en este sueño o simplemente observando?

6. ¿Cuál es la actividad principal en este sueño?

7. Haga una lista de todos los roles (formas de hacer las cosas, moverse o actuar) en este sueño:

a. _____
b. _____
c. _____
d. _____

¿Cuál le gusta más?

8. Haga una lista de los personajes en orden de qué tan bien entendían lo que estaba sucediendo en el sueño:

a. _____
b. _____
c. _____
d. _____
e. _____

Sus respuestas nunca serán correctas o incorrectas, así que no se preocupe por lo que está escribiendo. Si creía que había otro personaje en su sueño que tenía más poder y que entendía mejor lo que estaba sucediendo en el sueño que usted, está bien. Es posible que pueda cambiar eso más adelante y obtener una mayor comprensión de sus sueños. Si no está contento con el papel que desempeñó en el sueño, usted tal vez quiera hacer algunos cambios. A medida que avance en esta sección, podrá llegar a comprender por qué tiene ciertos roles en sus sueños e incluso cómo puede cambiarlos más adelante.

Preguntas al despertar

Ahora que ha tenido tiempo para repasar uno de sus sueños y hacer las preguntas anteriores, aquí hay algunas preguntas para el momento de despertar. Estas son preguntas que puede hacer sobre su vida despierta. Pueden ayudarlo a establecer algunas conexiones entre su vida despierta y la vida de sus sueños. Pregúntese lo siguiente:

1. ¿Cuánto entiende de lo que sucede en su trabajo en su vida despierta?

2. ¿Cuánto entiende de lo que sucede en sus tiempos de ocio?

3. ¿Cuánto entiende de lo que sucede en sus relaciones?

4. ¿Actúa según lo que sabe?

5. ¿Piensa en silencio sobre las cosas?

6. ¿Parece que las cosas solo le suceden a usted?

7. ¿Conoce la causa y el efecto de lo que está sucediendo en su vida?

8. ¿La mayoría de las personas en su vida entienden más que usted?

Estas son preguntas difíciles de responder sobre sí mismo. Es fácil pasar el día sintiendo que todo está bien, pero nunca mirando lo que está sucediendo en su vida. Puede sentir que siempre está perdido y confundido o que no sabe lo que sucede en el mundo que le rodea porque está muy relegado. Puede pensar que fue solo porque olvidó algunas cosas importantes que están sucediendo en el trabajo o en la escuela, pero a menudo es porque simplemente no comprende lo que está sucediendo en su vida.

Estas preguntas le ayudarán a enfocarse más sobre cuánto realmente entiende sobre su vida despierta para que pueda explorar las posibilidades de realizar cambios.

Preguntas Del Cuerpo

Mientras soñaba, ¿miró claramente su cuerpo en el sueño?
¿Faltaba alguna parte?
Tómese un momento para volver al sueño en el que se estaba enfocando antes. Repáselo y llegue a la parte en la que pueda verse más claramente. Mientras soñaba, ¿miró claramente su cuerpo en el sueño? ¿Pudo ver el sueño, o mirarse a sí mismo mientras estaba en el sueño, y ver las partes de su cuerpo? No hay nada de malo en no poder ver su cuerpo durante esta fase, pero si logró mirar su cuerpo, ¿faltaba alguna parte?

Ser consciente de sí mismo en el sueño puede ser importante, por lo que puede descubrir que en algunos sueños puede ver bien su cuerpo y en otras ocasiones no. Cuanto más pueda ver y reconocer su propio cuerpo en el sueño, más comprensión y conexión tendrá con sus sueños.

Día de Oportunidad Del Sueño

En algún momento de la semana, tome un Día De Oportunidad Del Sueño: invente un ejercicio que crea que lo ayudará a tener los sueños que desea. Anteriormente, usted siguió los ejercicios de la Sueñosofía. En este día, sea creativo e invente el suyo. Puede ser cualquier cosa. El tipo de ejercicio es menos importante que hacerlo, porque es el realizarlo lo que realmente le ayuda a prestar atención a sus sueños.

Una vez más, el ejercicio puede ser CUALQUIER COSA. Si lo desea, puede cantar una canción mientras salta de un lado a otro y eso sería un buen ejercicio de Oportunidad Del Sueño. ¡Probablemente lo recuerde! Escoja un día de la semana, el día que sea más conveniente para usted, y cree su propio Día De Oportunidad Del Sueño. En este día, es su responsabilidad inventar un ejercicio que crea que le ayudará a tener los sueños que usted desea.

Asegúrese de ser creativo durante este día. No hay respuestas correctas o incorrectas para este ejercicio, por lo que puede divertirse y crear una actividad que crea que le será útil, o al menos agradable. Es más importante para usted realizar la actividad, sin importar cuál sea, que centrarse en el tipo de actividad que elija explorar. Se trata de abordar su conciencia del soñar al realizar esta actividad.

Comprender lo que está sucediendo en sus sueños puede tomar tiempo y práctica para lograrlo. En demasiadas ocasiones, probablemente usted haya despertado de uno de sus sueños y se ha encontrado completamente confundido por lo que sucedió en ese sueño. Incluso durante el sueño, es posible que haya estado como espectador sin darse cuenta de lo que le estaba pasando mientras dormía. El nivel 1 se trata de comprender lo que está sucediendo en su vida despierta y en la vida de sus sueños. Esto le podrá mostrar los primeros pasos que puede dar para obtener algo de comprensión. Comprender lo que sucede en sus sueños mientras duerme y cuándo se despierta puede hacer que toda la experiencia de soñar sea mucho más agradable.

¡ENTIENDA Y REALICE SUS SUEÑOS! NIVEL DOS

Durante el primer nivel, usted se concentró en notar lo que sucedió en sus sueños. Es posible que haya notado que las cosas no siempre salen como usted quería. Pudo haber habido muchos sueños en los que faltaban elementos importantes. Sus imágenes del sueño pueden haber sido borrosas o puede haber pasado mucho tiempo sintiéndose confundido. Hubo muchas preguntas que se le hicieron en el primer nivel para ayudarlo a comprender mejor lo que está sucediendo en el sueño, de modo que, aunque esté un poco confundido, usted sabrá por dónde empezar.

En el segundo nivel, está invitado a echar un vistazo más de cerca a la vida de sus sueños, así como a su vida despierta, para que pueda comenzar a identificar algunas cosas en sus sueños. En algunos casos, puede recordar un sueño y pensar en lo confundido que estaba. En otros sueños, usted pudo comprender lo que estaba sucediendo porque se relacionaba con algo con lo que ha lidiado en su vida despierta.

La aspiración aquí es ayudarle a comprender mejor sus sueños. Puede ser muy frustrante tener un sueño y nunca entender lo que está sucediendo. Puede sentirse confundido en el sueño, o puede despertarse confundido del sueño. Los pasos de esta Oportunidad Del Sueño pueden ayudarlo a comprender lo que sucede en sus sueños para que pueda disfrutarlos.

COMO ENTENDER Y ¡REALIZAR! NIVEL DOS

TITULO DEL SUEÑO:
FECHA:
UBICACIÓN:
HISTORIA DEL SUEÑO:

Para el segundo nivel en esta Oportunidad Del Sueño, se le invita a explorar la identificación de lo que entiende en su sueño, con la ayuda de una gráfica. Recuerde enfocarse en que tan claramente entiende lo que está pasando y lo que significa para usted. Recuerde tomar todos sus sueños en consideración al determinar qué tan claro es usted en sus sueños.

Para comenzar a identificar, comience GRAFICANDO su claridad. Recuerde, estamos tratando sobre qué tan claramente comprende lo que está pasando y lo que significa para usted. Use la escala que se proporciona a continuación para calificar cuánto habla o se expresa usted.

Generalmente, considerando todos sus sueños, ¿qué tan claro está en sus sueños?

1. **COMPLETAMENTE CONFUNDIDO:** Las imágenes de sus sueños son incoherentes y extrañas, los eventos y los sentimientos no tienen relación.
2. **BORROSO E INDIRECTO:** Hay mucha distorsión en sus sueños, aunque no oculta por completo las imágenes o significados de los sueños.
3. **ALGO CLARO Y DIRECTO:** Usted tiene una idea general de lo que está sucediendo en los sueños y de lo que le están diciendo sus sueños, aunque algunos elementos pueden estar distorsionados.
4. **CLARO Y DIRECTO:** Sus imágenes y los mensajes que obtiene de sus sueños son claros y directos. Los sueños parecen tener sentido, pero no completamente.
5. **COMPLETAMENTE CLARO Y DIRECTO:** Sus sentimientos, acciones y los mensajes que obtiene del sueño son totalmente claros y directos. No hay distorsión. El sueño tiene sentido para usted.

Junto a sus notas sobre este sueño, escriba el número que corresponda a su nivel general de claridad en la vida de sus sueños. CLARIDAD GENERAL: 1, 2, 3, 4 o 5.

También al lado de sus notas sobre este sueño, escriba el número que corresponde a claro que está usted en este sueño. CLARIDAD DE SUEÑO RECIENTE: 1, 2, 3, 4 o 5.

Cuando haya terminado de tomar notas sobre los sueños que desea usar, escriba el número que corresponde al nivel general de claridad que ocurre en su sueño. Cada sueño va a ser ligeramente diferente, por lo que puede

necesitar promediarlos o ir abordar cada sueño por sí mismo. Algunos sueños no serán muy claros al principio y es posible que solo tenga una calificación de uno o dos. Por otro lado, puede haber momentos en los que tenga sueños más claros y pueda clasificar sus sueños con un cuatro o un cinco.

A veces la aspiración aquí es llegar a un cinco, pero puede llevar algo de tiempo. Otras veces, usted se sentirá cómodo con el nivel en que se encuentra, tal vez no desea realmente saberlo, o simplemente no le importa. Está bien, también. Cuando alcance un nivel de cinco, podrá darse cuenta de que puede recordar sus sueños con total claridad. Es posible que pueda responder cualquier pregunta que tenga sobre sus sueños más adelante, y no haya partes que le sean confusas.

Esto toma algún tiempo para lograrse. Si puede tener total claridad en sus sueños desde el principio, ¡ya es muy afortunado! Mantener algunas de las preguntas en mente y pasar por el Nivel 1 y Nivel 2 lo ayudarán a entrar en la corriente, a alcanzar ese nivel de claridad y comprensión total, simplemente considerando la claridad de sus sueños y haciendo los ejercicios que se brindan.

Preguntas pasadas

En este punto, se le invitará a comenzar a hacer gráficas, para que pueda ver una conexión entre cuánta claridad tiene en diferentes momentos de su vida y cuánta claridad se encuentra en sus sueños.

1. Usando la escala de 1 a 5, en una nueva hoja o página de papel, escriba el número de su actividad despierta que mejor indique qué tan claro estuvo durante los siguientes períodos de su vida:

1 - 5 años de edad
6 - 12 años de edad
13 - 16 años de edad
17 - 21 años de edad
22 - 25 años de edad
26 - 35 años de edad
36 - 45 años de edad
46 - 55 años de edad
56 - 65 años de edad
66 - 75 años de edad
76 años en adelante

2. Ahora dibuje líneas y números verticales y horizontales para crear esta gráfica de su libertad para cada período de su vida. Coloque un punto sobre cada edad, luego conecte los puntos:

5

4

3

2

1

Edad   1   6   13   17   22   26   36   46   56   66   76

Su gráfica se mirará algo como esta:

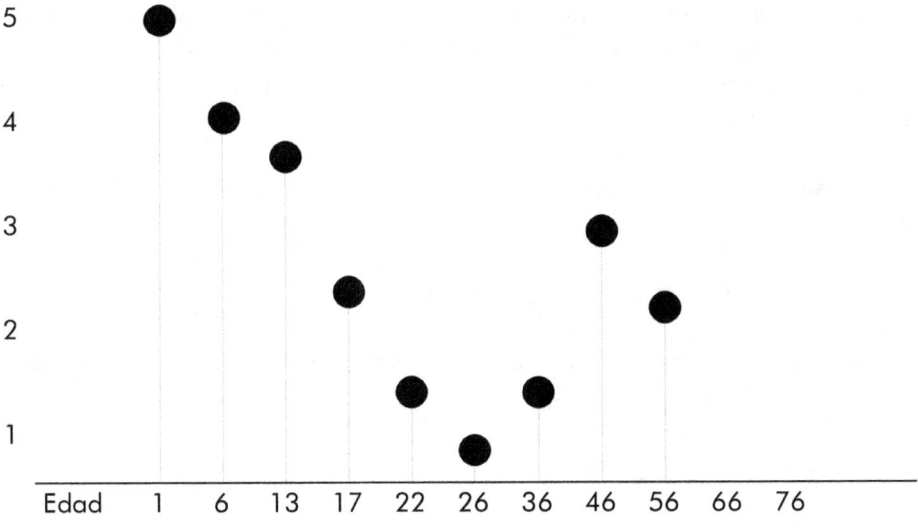

La gráfica completa puede verse algo así después de conectar los puntos:

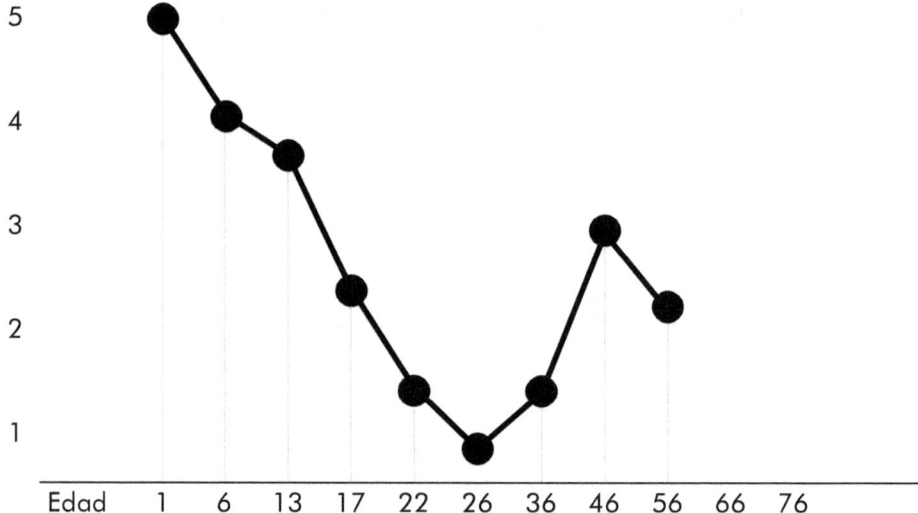

- Ahora mire la gráfica. Imprímalo si puede.
- Observe si su claridad ha cambiado a lo largo de los años.
- Piense en lo que le ha pasado, en cómo ha cambiado.

Es posible que pueda ver cómo ha cambiado su claridad a lo largo de los años. Tómese su tiempo para pensar por qué tiene claridad en ciertos momentos y por qué puede haberse desvanecido en otros momentos de su vida. Piense en qué eventos ocurrieron en su vida para aumentar o reducir su claridad en ciertos momentos.

3. Piense en cómo sus padres, sus amigos y su entorno pueden haber determinado el nivel de claridad en su vida.

4. ¿Está satisfecho con lo claro que está en su vida despierta?

5. Haga una lista de los tipos de comprensión permitidos a medida que usted crecía, y qué tipos eran mal vistos.

PERMITIDO:

a. _____
b. _____
c. _____

MAL VISTO:

a. _____
b. _____
c. _____

Después de invertir un poco de tiempo mirando la gráfica y comprendiendo qué está pasando con sus niveles de claridad, puede ser útil pensar en las personas que pueden haber influido sobre usted a lo largo de los años. Puede descubrir que las personas a su alrededor, especialmente las de su entorno, pueden influir en gran medida en su claridad y en cómo piensa y comprende las cosas en sus sueños y en su vida diaria.

También puede considerar qué tan satisfecho está con la claridad en su vida despierta. ¿Pasa el día confundido sobre las cosas que están sucediendo? ¿Siempre se pregunta y nunca sabe lo que está pasando? ¿Siente que realmente entiende lo que sucede cada día? ¿Se siente decepcionado por lo mucho que se pierde porque simplemente no entiende de lo que la gente está hablando a su alrededor? Si es así, puede ser hora de realizar algunos cambios.

Preguntas de Oportunidad Del Sueño

¡Es hora de algunas preguntas de Oportunidad Del Sueño! Estas pueden ayudarle a observar de cerca algunas de las cosas que ocurren en su vida y si tiene una cantidad útil de claridad o no. Las preguntas para esta Oportunidad Del Sueño son:

¿Cómo sería si su vida fuera totalmente clara para usted, si todo tuviera sentido y si todo fuera fácil de entender?

¿Qué fortalezas especiales, dones y talentos tiene que usted no usa?

Ya sea que se dé cuenta o no, este nivel le ha pedido que piense en muchas cosas que la mayoría de las personas hacen todo lo posible por evitar. A menudo las personas pasan mucho tiempo culpándose por ser de cierta manera sin darse cuenta de que fueron forzados a ser así a medida que crecían. Al comprender esta Oportunidad Del Sueño al máximo, es posible que pueda hacer un gran cambio.

Ejercicios Extras

Antes de pasar al tercer nivel para esta oportunidad del sueño, puede ser útil tomarse un tiempo para algunos ejercicios adicionales que le ayudarán a obtener más claridad.

Estos ejercicios incluyen:

Pasado: En cualquiera de sus sueños, identifique y enumere las maneras que sintió, actuó y pensó en sus sueños de la misma manera que cuando era niño.

Presente: Trate de identificar en su sueño más reciente una forma única de hablar, sentir, actuar o comprender que sea completamente suya de la manera que es ahora.

Futuro: Considere cómo pudo haber cambiado o completado su sueño más reciente:

- ¿Cómo podría haber cambiado el cuánto habló en su sueño?

- ¿Cómo podría haber cambiado su nivel de comprensión?

- ¿Cómo podría haber cambiado el nivel de contacto que tenía con otras personas en el sueño?

- ¿Cómo podría haber cambiado las acciones que realizó en el sueño?

- ¿Cómo podría haber cambiado su nivel de sentimiento?

Identificar cuánto entendimiento tiene en su vida despierta y cómo eso se conecta con la comprensión que tiene en la vida de sus sueños puede marcar una gran diferencia. No es muy divertido pasar por la vida sintiéndose confundido o no entendiendo lo que está pasando. Es posible que sienta que no tiene control sobre lo que sucede en su vida, o puede que le preocupe que no podrá tomar decisiones porque no cuenta con la información necesaria. Sin embargo, al seguir algunos de los pasos de esta sección, ¡puede cambiar todo eso en poco tiempo!!

¡ENTIENDA Y REALICE SUS SUEÑOS! NIVEL TRES

Es hora de avanzar al Nivel 3 de esta Oportunidad Del Sueño. Este nivel le invita a hacer los cambios que desea en sus sueños. Si tiene bastantes sueños que no son muy claros o que lo dejan confundido, ahora es el momento de cambiar esto.

COMO ENTENDER Y ¡REALIZAR! NIVEL TRES

TITULO DEL SUEÑO:
FECHA:
UBICACIÓN:
HISTORIA DEL SUEÑO

1. ¿Está satisfecho con su nivel de claridad en este sueño?
2. ¿Qué tendría que pasar en este sueño para que esté totalmente satisfecho con su nivel de claridad sobre lo que este sueño le está diciendo?
3. ¿Qué es lo que tiene más claro en este sueño?
4. ¿Cómo es que usted se mantiene a sí mismo confundido o confuso?
5. ¿Qué tendría que hacer usted o qué debería suceder para que esté completamente claro?
6. ¿El nivel de claridad en este sueño funciona para usted o en su contra?
7. ¿Cómo tendría que cambiar su nivel de claridad para llegar a un nivel completamente nuevo?
8. Califique que tan CLARO es en este sueño, usando la escala de 1 a 5 mencionada en el Nivel 2:

En general, teniendo en cuenta todos sus sueños, ¿qué tan claro está en sus sueños?

1. COMPLETAMENTE CONFUNDIDO: Las imágenes de sus sueños son incoherentes y extrañas, los eventos y los sentimientos no tienen relación.
2. BORROSO E INDIRECTO: Hay mucha distorsión en sus sueños, aunque no oculta por completo las imágenes o significados de los sueños.
3. ALGO CLARO Y DIRECTO: Usted tiene una idea general de lo que está sucediendo en los sueños y de lo que le están diciendo sus sueños, aunque algunos elementos pueden estar distorsionados.
4. CLARO Y DIRECTO: Sus imágenes y los mensajes que obtiene de sus sueños son claros y directos. Los sueños parecen tener sentido, pero no completamente.
5. COMPLETAMENTE CLARO Y DIRECTO: Sus sentimientos, acciones y los mensajes que obtiene del sueño son totalmente claros y directos. No hay distorsión. El sueño tiene sentido para usted.

¿Cómo sería si llevara su nivel de claridad un nivel más alto?
¿Cómo sería si llevara su nivel de claridad un nivel más bajo?

9. ¿Qué cosas buenas podrían pasar si se volviera tan claro como quisiera en su vida?

Pregunta de Oportunidad Del Sueño

Para esta Oportunidad Del Sueño, solo hay una pregunta para que usted considere:

¿Qué pasaría con sus problemas y desafíos en la vida si entendiera claramente lo que le están diciendo?

Finding Your Dream Clarity Word

Write the ten main words you could use to describe what is happening in your dream.

1. _____
2. _____
3. _____
4. _____
5. _____
6. _____
7. _____
8. _____
9. _____
10. _____

Encierre en un círculo cinco de las palabras en su lista de diez.

De las cinco palabras circuladas, escriba tres en una nueva página.

1. _____
2. _____
3. _____

De las tres palabras, circule dos.

De las dos palabras en un círculo, escriba una en una página en blanco, por sí misma. Esa sola palabra es su Palabra De Claridad Del Sueño. Recuerde su Palabra De Claridad Del Sueño durante todo el día.

PALABRA DE CLARIDAD DEL SUEÑO

Sugerencia al despertar

Ahora se le invitará a explorar lo que puede hacer durante su vida despierta, para ayudarle a obtener más claridad en su vida diaria, lo que también puede conducirlo a una mayor claridad en la vida de sus sueños. A menudo, la razón por la que no puede entender sus sueños es porque tiene problemas para entender lo que sucede en su vida diaria. Para esta sugerencia al despertar, tome nota de algunas de las situaciones que ocurren en su vida despierta. Tome nota de cualquier situación que no le parezca clara, luego considere cómo sería si estuviera más claro.

> 1. Al notar situaciones en las que no está claro, piense cómo sería SI TUVIERA claridad, hoy. Cuando note lo claro que es, considere lo que podría ser si entendiera un poco más... un poco menos... disminuya su claridad un poco y luego auméntela. Sea respetuoso y apropiado. No haga nada ilegal, impropio o dañino durante la vida despierta. Intente esto todo el día, disminuya su claridad y comprensión un poco y luego aumente.
> 2. Antes de continuar, ¿realmente intentó algunas de esas cosas nuevas? Si no, al menos note e identifique cómo fue que usted se detuvo.

¿Usted se confundió?
¿Fue menos activo?
¿Se alejó del contacto?
¿Ha restringido su capacidad de sentirse bien?
¿Ha hablado menos?

Tome nota de algunas de las situaciones en su vida despierta donde se siente claro, como si entendiera lo que sucede a su alrededor. Durante estas situaciones, considere cómo sería si entendiera la situación más en algunos casos, o un poco menos en otros casos. Deje que su claridad suba y baje para ver cómo se siente todo. Esto puede ayudarlo a darse cuenta de cómo controlar su propia claridad y lo que puede hacer para crear esta diferencia. Puede probar esto todo el día, comenzando con aumentar su claridad y luego disminuyéndola, hasta que aprenda cómo obtener el control que está buscando.

Una vez más, es importante tenga en cuenta que mientras explora esta sugerencia al despertar, depende de usted hacer todo esto de la manera más respetuosa y apropiada. Nunca haga nada que sea dañino, impropio o ilegal durante su vida despierta, para poder terminar esta oportunidad. Siempre sea seguro y respetuoso consigo mismo y con los demás.

Manteniendo los Cambios

Si ha realizado los ejercicios en los niveles 1, 2 y 3, sus sueños probablemente ya hayan empezado a cambiar. Aquí hay una serie de preguntas que puede usar para mantener los cambios:
1. ¿Le gustó el nivel de claridad y comprensión que tenía en este sueño?
2. ¿Qué es lo que trata de contarle el sueño sobre su vida despierta?
3. ¿Qué es lo que trata de contarle el sueño sobre su futuro?
4. ¿Cómo puede cambiar su oportunidad para que las circunstancias presentes y futuras en la historia funcionen para usted?

Si no está satisfecho con su claridad o comprensión en sus sueños, repita los ejercicios en el Nivel 3 en un día diferente, con un sueño diferente. Si aún no está satisfecho, repítalo de nuevo un día más. También puede volver a los ejercicios en los niveles 1 y 2 para obtener una mayor comprensión y sensibilidad.

Ejercicio Extra

Aquí hay algunos ejercicios adicionales que puede hacer para ayudar a aumentar su claridad en sus sueños. Para comenzar, enumere todos los cambios que desea tener en su vida para el próximo año. Puede elegir cuáles van a ser estos cambios, si solo quiere cambiar algunas cosas pequeñas o si tiene un gran cambio que desea hacer. La lista puede ser tan larga como usted lo desee, pero trate de agregar distintas cosas con las que le gustaría trabajar.

Una vez que termine esta lista, asegúrese de colocarla en algún lugar donde pueda verla todos los días. Esto ayudará a recordarle los cambios que desea realizar y algunas de las aspiraciones que desea alcanzar. Es una gran manera de motivarse para seguir creciendo para lograr sus aspiraciones, de la misma manera en la que las plantas en crecimiento buscan y crecen naturalmente hacia la luz solar.

Siéntase libre de revisar su lista según sea necesario. Puede ser útil revisar la lista cada mes para asegurarse que se apega a las aspiraciones que usted sentía. Por ejemplo, puede encontrar que ha terminado con algunas de las aspiraciones en un período corto de tiempo, mientras que otras veces puede necesitar agregar nuevas maneras o encontrar nuevas maneras para marcar la diferencia. Revisar sus aspiraciones de vez en cuando puede tener un gran impacto en qué tan motivado se sienta por esta parte del ejercicio.

El nivel 3 se trata de ayudarle a obtener más claridad y comprensión de los sueños con los que este lidiando. Para algunas personas, esto puede ser bastante fácil porque ya tienen sueños claros que pueden entender. Pero para otros, esto puede ser un desafío. Si usted es alguien que apenas se puede reconocer en sus sueños, o se despierta sintiéndose confundido o como si se hubiera perdido de algo en un sueño, entonces este capítulo puede ser particularmente beneficioso para usted.

EN RESUMEN

Comprender lo que sucede en sus sueños y en su vida despierta puede facilitar las cosas. Es difícil avanzar o hablar con alguien si no comprende lo que otros le dicen. Incluso sus sueños pueden parecer incoherentes y difíciles de entender si no puede entender lo que sucede en su vida real.

En esta Oportunidad Del Sueño, usted fue invitado a explorar el agregar más claridad a sus sueños. Usted comenzó utilizando el Nivel 1 para solo notar qué tan claros son sus sueños. Esto puede incluir muchas cosas, como qué tan claras son las imágenes en sus sueños o incluso cuánta confusión tiene con respecto a los eventos que sucedieron en sus sueños. No se está tratando de hacer ningún cambio en el Nivel 1. Al contrario, solo está notando la forma en que usted mira sus sueños.

El nivel 2 pasó a identificar algo de la claridad que usted tiene. Algunos de sus sueños tendrán una buena claridad y algunos pueden ser confusos. Existe una relación entre la claridad que usted encuentre en su vida personal y la claridad que encuentre en sus sueños. Esta sección trata de encontrar esta conexión para que usted pueda fortalecerla y pueda entender más de lo que está sucediendo en su vida.

Finalmente, en el tercer nivel, usted fue invitado a hacer cambios. Esta sección tiene algunos ejercicios que puede explorar para comenzar a agregar más claridad a su vida despierta. A menudo, la razón por la que se despierta confundido acerca de sus sueños es que hay muchas veces en su vida cuando está confundido, no entiende lo que está sucediendo o no entiende lo que otros le dicen. Cuando usted logre cambiar algo de la claridad que tiene en su vida despierta, podrá cambiar la claridad que tiene en sus sueños.

Comprender lo que sucede en sus sueños puede marcar una gran diferencia en cuanto disfruta sus sueños. También puede descubrir los mensajes de sus sueños. Lleva tiempo ganar esta confianza y esta destreza. Al seguir los pasos en esta Oportunidad Del Sueño, puede obtener algo de la claridad que está buscando en todos sus sueños.

NOTAS:

NOTAS:

EPÍLOGO: CÓMO CONVERTIRSE EN UN EMBAJADOR DE LOS SUEÑOS

Si algunos de los temas de esta guía funcionaron para usted y le gustó aprender a profundizar, ampliar y mejorar su experiencia del soñar, tal vez le interese convertirse en Embajador Del Sueño. Esta es una gran oportunidad para ser un vocero del valor del soñar, una oportunidad que le permite interactuar con otros, que puedan necesitar o querer ayuda con los diferentes aspectos de sus sueños, para que puedan sacar el máximo provecho de su vida despierta y de los sueños.

La información sobre cómo convertirse en un Embajador Del Sueño está disponible en: www.Dreamosophy.com

Hubo cinco principales Oportunidades Del Sueño que usted exploró en esta guía. Cada una de ellas tenía ejercicios para ayudarlo a profundizar, expandir y mejorar su experiencia de sus propios sueños. Si usted es como la mayoría de las personas, no es raro encontrar que sus sueños carecen de claridad o que no puede hablar en sus sueños. Como Embajador Del Sueño, puede ayudar a otros a explorar los diversos pasos de este enfoque de la Sueñosofía, ya sea que busquen atravesar un solo nivel u oportunidad o si están ansiosos por pasar por los tres niveles de las cinco oportunidades.

Primero, aprenderá a relacionarse con todos sus soñadores identificados para ayudarlos a aprender cómo recordar sus sueños. Si sus soñadores no pueden recordar sus sueños, es muy difícil para ellos poder avanzar en este enfoque, porque recordar los sueños es un requisito previo. Puede guiarlos a través de algunos de los diferentes pasos para recordar sus sueños, irse a la cama en un buen momento, permitirse el tiempo para concentrarse en sus sueños cuando se despiertan, escribir notas sobre los sueños.

En la primera Oportunidad Del Sueño, guiará a otros a ser libres en sus sueños. Esta es una gran oportunidad con la que mucha gente todavía necesita ayuda, porque pueden sentirse perdidos y solos cuando se trata de sus sueños. Pueden dejar que otra persona dicte cómo se comportan durante sus sueños o pueden no ser capaces de afectar las diferentes cosas que ocurren a su alrededor, sin importar cuánto lo intenten. Cómo Ser Libre es una gran manera de ayudar a las personas a aprender cómo lidiar y beneficiarse de las pesadillas.

Como Embajador Del Sueño, podrá ayudar a otros a obtener esta libertad mostrándoles cómo reconocer su nivel de actividad en sus sueños y cómo pueden ser más libres en esos sueños. Podrá ayudar a otros a aprender cómo hacer cambios en la cantidad de libertad que tienen en su vida despierta, para que también se pueda lograr la libertad en la vida de los sueños.

Durante la segunda Oportunidad Del Sueño, aprenderá a interactuar con sus soñadores identificados para ayudarlos a aprender a sentirse bien en sus sueños. Generalmente no es muy satisfactorio, cuando alguien se despierta de un sueño sintiéndose enojado, triste o molesto por algo. Muchos de sus soñadores pueden lidiar con esto en sus sueños. La segunda Oportunidad Del Sueño se trata de cómo sentirse bien en sus sueños al controlar sus sentimientos en la vida de sus sueños y su vida despierta.

No es raro encontrar que cuando alguien no se siente bien en sus sueños, es porque no se siente bien en su vida personal. Esta Oportunidad Del Sueño permite la oportunidad de cambiar lo feliz que se siente en su vida despierta al permitirle explorar cómo controlar estos sentimientos, ya sean buenos o malos, en diferentes momentos del día. Este control puede ser muy beneficioso en su vida y puede permitirle elegir la respuesta adecuada para el caso, incluso en sus sueños.

En la tercera Oportunidad Del Sueño, aprenderá a relacionarse con sus soñadores identificados para ayudarlos a aprender a hablar más. Esta área es difícil para muchos soñadores, por lo que puede descubrir que invertirá la mayor parte del tiempo en esta sección. Muchas personas pueden tener sueños en los que simplemente se sientan al margen u observan desde un lugar incorpóreo, mirando lo que sucede a su alrededor. Es raro que hablen o elijan lo que sucede en el sueño, y esto puede hacer que se sientan frustrados en general.

A menudo, la razón por la que las personas no pueden hablar en sus sueños es que tienen problemas para hablar en sus vidas cuando están en el trabajo o cerca de otras personas en sus hogares o comunidades. Pueden ir a trabajar y dejar que otros tomen las grandes decisiones. Pueden permanecer callados cuando están en situaciones sociales, o incluso en casa porque les preocupa lo que otros piensen de ellos. Esto puede filtrarse fácilmente en los sueños que tienen y hacer que sea casi imposible que tengan opciones en sus sueños.

En esta oportunidad, usted puede ayudar a sus soñadores a superar este problema de una manera segura y efectiva. Primero comenzarán a darse cuenta de cómo hablan y controlan lo que está sucediendo en sus sueños, así como en su vida despierta. También invertirán algo de tiempo para identificar las razones por las que tienen tantos problemas en sus sueños. Y, por último, usted puede ayudar a sus soñadores a aprender a hablar más en sus vidas personales, ya sea compartir más cuando están en el trabajo, hacer nuevos amigos o hacer otras cosas para ayudarlos a expresarse más regularmente.

A través de la cuarta Oportunidad Del Sueño, aprenderá a relacionarse con sus soñadores identificados para ayudarlos a aprender a hacer amigos en sus sueños. Esto puede ser un gran problema para las personas que pueden sentir que simplemente están pasando el tiempo viendo un espectáculo mientras están soñando, en lugar de centrarse en hacer amigos. Es posible interactuar y hacer amistades con otras personas que están en sus sueños, y puede ayudar a sus soñadores a aprender cómo hacer esto.

En esta Oportunidad Del Sueño, usted puede ayudar a sus soñadores a aprender a hacer nuevas amistades en sus vidas personales y en sus vidas soñadas. A veces, la razón por la cual sus soñadores están al margen cuando se trata de hacer nuevos amigos en sus sueños es que no están teniendo mucha suerte haciendo amigos en sus vidas. Como Embajador Del Sueño, usted puede ayudar a sus soñadores a darse cuenta de cómo hacen las conexiones en sus sueños, así como también darles los pasos para ayudarlos a hacer más amistades en su vida despierta.

Y finalmente, en la quinta Oportunidad Del Sueño usted aprenderá a relacionarse con sus soñadores identificados para ayudarlos a aprender a comprender y realizar sus sueños más preciados. Hay muchas ocasiones en que las personas se despiertan de un sueño sintiendo que se perdieron algo importante, o que no fueron capaces de entender algo que sucedió. En otros casos, es posible que no hayan podido verse a sí mismos o a las imágenes o al significado del sueño con tanta claridad como quisieran. A menudo, esta confusión es el resultado de la confusión que se encuentra en su vida personal despierta.

Cambiar la comprensión que las personas tienen en sus vidas personales sobre las diferentes circunstancias que podrían enfrentar les puede ayudar a obtener una mayor comprensión de sus sueños, y viceversa. En esta Oportunidad Del Sueño, usted es responsable de ayudar a sus soñadores a darse cuenta de cuánto más pueden entender de lo que está sucediendo en su vida personal y soñada con la ayuda de los ejercicios de esta guía.

Estas son las cinco Oportunidades Del Sueño que usted puede explorar con sus soñadores. A veces, podrá explorar todas las oportunidades con sus soñadores, para ayudarles a obtener una comprensión completa de sus sueños. Es fácil quedar atrapado en una vida cotidiana donde se siente que no hay control, pero con la ayuda de los ejercicios en cada una de las Oportunidades Del Sueño, sus soñadores pueden aprender a hacer cambios en sus sueños.

Idealmente, usted avanzará por estas diferentes Oportunidades Del Sueño para ayudarlo a aprender cómo funciona cada uno, y luego usará las cosas que aprendió para ayudar a sus soñadores a entrar en un flujo nutritivo, en sus vidas del sueño y en sus vidas despiertas. Cada una de las Oportunidades Del Sueño tendrá la misma configuración básica, haciéndolas fáciles de explorar. Cada oportunidad comienza con notar: notar lo que está sucediendo en los sueños y cómo los soñadores reaccionan en diferentes situaciones. El primer nivel de cada oportunidad no se trata de hacer que las cosas cambien; se trata de notar lo que está sucediendo.

Luego, cada Oportunidad Del Sueño pasa a ayudar a sus soñadores a identificar lo que está sucediendo en sus sueños y hacer conexiones con lo que están haciendo en su vida despierta. Esta parte incluye un sistema de clasificación y algunas gráficas para que puedan ver cómo todo se combina en un formato visual.

El tercer nivel de sus Oportunidades Del Sueño tiene que ver con el cambio y la transformación. Se trata de ver cómo se comportan las personas en su vida despierta y ayudarlas a aprender cómo hacer cambios suaves, mientras están despiertos, que influyen en cómo sueñan. Cuando las personas sean capaces de afectar cómo se sienten, cómo hablan, cómo hacen amigos y cómo entienden y hacen realidad los sueños, es posible que puedan encontrar una satisfacción general en la vida. Esa puede ser una de las mejores cosas de todo este proceso: que, con un poco de atención cuidadosa a la vida de los sueños, ¡es fácil hacer algunos de los cambios que las personas quieren que sucedan!

Cuando usted se relaciona con sus soñadores, es importante hacer un plan que sea único para ellos. Algunas personas solo pueden beneficiarse asistiendo a algunas de las Oportunidades Del Sueño y otras pueden beneficiarse más de todas ellas. Además, hay momentos en que un soñador puede pasar por cada nivel en menos de una semana, otros soñadores se beneficiarán más invirtiendo algunas semanas en cada nivel y otros que pueden beneficiarse al regresar a los niveles algunas veces antes de que todo encaje. No hay forma de quedarse atrás o hacer mal: este es SU proceso. Se beneficiarán más avanzando a la velocidad adecuada para ellos. Comprométase con sus soñadores para ayudarlos a sentirse cómodos y darse cuenta de que están haciendo un gran progreso simplemente atendiendo a la vida de sus sueños.

Convertirse en un Embajador Del Sueño puede ser una gran experiencia. Le permite ayudar a otras personas que puedan tener problemas con sus sueños, ya sea que estén en condiciones de beneficiarse de algunas de las Oportunidades Del Sueño o de todas ellas. Hablar y aprender acerca de todo esto con sus soñadores puede marcar una gran diferencia en la calidad de los sueños que todos experimentan.

CONCLUSIÓN

El enfoque de la Sueñosofía es uno que puede funcionar para muchas personas diferentes, de muy diversas maneras. Se ha configurado para hacer que la transformación de sus sueños sea más fácil que nunca. Ya sea que desee cambiar sus sueños por su cuenta o desea convertirse en un Embajador Del Sueño y ayudar a los demás, puede haber una gran alegría al poder profundizar, ampliar y mejorar las formas en que experimenta la vida de sus sueños.

En esta guía, se le presentó a las cinco Oportunidades Del Sueño que pueden ayudarlo a realizar cambios profundos en sus sueños e incluso en su vida despierta: cómo ser libre en sus sueños, cómo sentirse bien en sus sueños, cómo hablar fuerte en sus sueños, cómo hacer amigos en sus sueños, y cómo entender y realizar sus sueños más preciados.

Cuando todas estas Oportunidades Del Sueño se unen, y aprenda de los ejercicios que vienen con ellos, es posible que vea algunos cambios profundos en sus sueños. Es importante que considere sinceramente cada nivel de cada Oportunidad Del Sueño para ayudarlo a ver estos cambios. A veces, es posible que pueda avanzar por una de las oportunidades sin demasiado tiempo o atención, pero en otras ocasiones, puede beneficiarse al aprovechar algunas oportunidades para obtener los resultados que usted prefiera. Todos pueden ir a su propio ritmo, para ver algunos resultados. Así que ¡diviértase y explore lo que ha aprendido de estas oportunidades!

SOBRE LOS AUTORES

PAUL SHELDON

Para Paul Sheldon, una infancia llena de baile, canto, jardinería y exploración abierta de varios aspectos de la conciencia y la experiencia espiritual fluyó sin problemas en la edad adulta de consultoría y asesoramiento, plantación de árboles y activismo social para la transformación institucional, a través de ayudar a la gente, las organizaciones y las comunidades a realizar sus sueños más preciados. Paul está fascinado por la sabiduría de cualquier tipo, especialmente en la manera como se expresa a través del uso de metáforas basadas en agua, esto es una fascinación que surge de las exploraciones de los sueños lúcidos.

Como Consultor De Desarrollo privado, Paul Sheldon se especializa en ayudar a los clientes a realizar sus sueños más anhelados. Para hacer esto, trabaja con sueños: tanto los sueños que se recuerdan, así como todo tipo de visualización, imaginación, creatividad, establecimiento de objetivos y enfoques creativos para la realización de los sueños individuales y colectivos. También trabaja con clientes para aumentar su acceso a los recursos necesarios para realizar sus sueños, a través de bienes raíces, desarrollo organizacional, desarrollo de empleos verdes, planificación de eficiencia energética, implementación de sostenibilidad, capacitación del personal, reverdecimiento de cárceles, prisiones y otras instituciones correccionales. Así como la creación conjunta de un mundo regenerativo, Paul cree firmemente que es demasiado tarde para simplemente proponerse no hacer daño, debemos participar activamente en la curación de los demás y del mundo en el que vivimos, lo que en hebreo se describe como "Tikkun Olam"- la curación del mundo. Él consulta ampliamente para empresas, gobiernos, grupos sin fines de lucro y filántropos. Paul ha escrito informes sobre las plantas de carbón en transición: alternativas económicas y energéticas al carbón, el REEL en Alaska, la eficiencia energética en la región ferroviaria de Anchorage, Alaska, y la viabilidad de la energía solar en la nación Navajo, así como artículos académicos en la hélice de la gestión sustentable, El Resultado final (Bottom Line) integrado y sobre las prisiones verdes. Él es el autor principal del National Institute

of Justice Greening Corrections Technology Guidebook, así como la política de la American Correctional Association y un estándar sobre prácticas orientadas a la sostenibilidad y ambientalmente responsables en las correccionales.

Paul ha encontrado que las prisiones y las cárceles son una metáfora maravillosa de estar encarcelados en la condición humana, una condición de la cual soñar puede ser un escape importante. Además de su papel como Fundador de Dreamosophy.com, Paul se desempeña como Miembro Administrador de JLMJ, LLC, un pequeño grupo de inversión privado, como Consultor de Desarrollo para el Instituto Laura X (www.LauraXinstitute.org), como Director de Desarrollo y miembro de la junta directiva de Planting Justice (www.PlantingJustice.org) - una organización de beneficencia con sede en Oakland dedicada a la justicia alimentaria, la justicia económica y los sistemas alimentarios locales regenerativos - y se ha desempeñado como asesor principal de Natural Capitalism Solutions (www.natcapsolutions.org), como asesor de suscripción del Fondo de Seguro de Compensación de los Trabajadores del Estado de California, y ha trabajado en estrecha colaboración con su hermana mayor, Hunter Lovins, enseñando de manera conjunta "Principios de Gestión Empresarial Sostenible", "Implementación de prácticas comerciales sostenibles" y "Gestión eficaz , Comunicación y Acción "(con Bob Dunham), en Presidio Graduate School, el primer programa de MBA completamente acreditado en Gestión Sostenible (www.presidio.edu). Paul y Hunter también ayudaron a fundar TreePeople (www.Treepeople.org) y el Rocky Mountain Institute (www.rmi.org) con sede en Los Ángeles. Sus clientes han incluido el Departamento de Estado de los EE. UU., EPA, Natural Resources Canada, Alaska Conservation Association, Chugach Electric Association, California Energy Commission, California Public Utilities Commission, General Motors, Bank of America, Muzak, Suzuki Motors, y muchas ciudades y organizaciones locales. Paul también tiene una amplia experiencia comercial en publicaciones, viajes mayoristas y minoristas, hotelería, bienes raíces, personal, auditoría e industrias de seguros, es miembro activo de la American Correctional Association y American Jail Association, y es un ex miembro de la Vocational Advisory Board de la Prisión Estatal de Soledad, ex miembro de the Humboldt County Workforce Investment Board, ex propietario de un servicio local de personal y asesor del Departamento de Estado de EE. UU.

Paul detenta un B.A. y una maestría en Desarrollo Humano, de Pacific Oaks College, en Pasadena, California y una credencial de docencia universitaria de Administración Comercial e Industrial, es analista de negocios certificado, miembro honorario del Rocky Mountain Association of Energy Engineers y miembro fundador del the Sustainability Committee of the American Correctional Association. Paul vive con su esposa, en Ashland, Oregon, y es un ávido bailarín folclórico, jardinero, botánico aficionado y seguidor de la tradición de yoga Sant Mat.

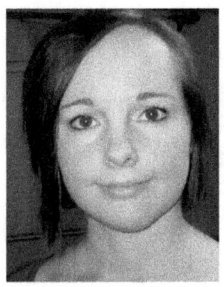

ELIZABETH EAGAR

Elizabeth Eagar comenzó a sentir curiosidad por soñar y los sueños cuando era adolescente, cuando ella y algunos amigos comenzaron a compartir sueños entre ellos y a llevar diarios de sus sueños. Su interés se profundizó cuando estudió soñar como estudiante de psicología de pregrado. Después de graduarse con su B.S. en psicología, comenzó a explorar las formas en que el lenguaje y la creatividad se influyen mutuamente, incluso cómo se relacionan con el mundo de los sueños. Finalmente decidió continuar con esta exploración al obtener un título de maestría en artes.

Mientras completaba su M.A. en lengua inglesa y escritura creativa en la Universidad de Westminster, Elizabeth comenzó a explorar el poder de los sueños como parte del proceso de narración de cuentos. Ella usó los sueños como un punto de partida para la investigación creativa y como una forma para que los personajes escritos exploren sus verdaderas identidades y se comuniquen con cosas más grandes que ellos mismos. Ella continúa aumentando su conocimiento persiguiendo un M.Ed. en diseño instruccional, con graduación anticipada en 2018.

Elizabeth se encontró por primera vez con la Sueñosofía cuando Paul Sheldon se puso en contacto con ella para que le ayudara en la creación de La Sabiduría del Soñar: Una guía para una vida de sueño efectiva. Profundizándose en la Sueñosofía para ayudar a crear este libro llevó a cambios en la vida de sus sueños. Pronto se enteró de que la prueba estaba en los hechos: La Sueñosofía funciona. A medida que su comprensión de la Sueñosofía se desarrolló, Elizabeth se interesó cada vez más en convertirse en Embajadora De Sueño y poder compartir el enfoque de la Sueñosofía con los demás.

CRÉDITOS DE IMAGEN

Eric Isselee / Shutterstock: Portada y páginas i, ii, iv 1,3,25,51,103,129,159 y 161

Jakkapan/Shutterstock: Contraportada

Steve Collender/Shutterstock: página 75

Toby G/Shutterstock: página 21

Paul Sheldon: lechuza en la parte superior de los números de página

David Gonzales: página 16

www.ingramcontent.com/pod-product-compliance
Lightning Source LLC
Chambersburg PA
CBHW071924290426
44110CB00013B/1460